採用100年史から読む

人材業界の未来シナリオ

中途採用ビジネスはこれから10年でどう変わる？

What will HR industry do now on ?

黒田真行・佐藤雄佑

Masayuki Kuroda　Yusuke Sato

CROSSMEDIA PUBLISHING

まえがき

6000万人の就業人口に対して、雇用のマッチング機会を提供し、いまや11兆円を超える一大産業となった人材業界。求人広告ビジネスや人材紹介業、人材派遣などの人材ビジネスが、社会の中で一般的な存在として認識されるようになったのは、1980年代以降のことではないかと思います。

なかでも、転職希望者と即戦力を募集する企業をつなぐ中途採用サービスは、かつて「口入れ屋」や「手配師」と呼ばれた人材周旋事業者が、非合法な手段も含めて商売をしてきた経緯から「困窮者の雇用での救済」と「搾取、人身売買」といった二面性を持ちながら発展してきた歴史を持っています。

また高度成長期の時代には、終身雇用と年功序列が一気に広がったことで、「新卒で入社したら定年まで勤め上げるのが当たり前。途中でケツを割って逃げ出すのは負け犬だ」というレッテルが貼られる価値観が一般化し、転職＝中途採用の市場そのものをうしろめたいものにしていた側面もありました。つい40年ほど前までは「委細面談」と書かれているだけで、仕事内容や給料すらよくわからない三行広告が当たり前で、職業安定法なども現在のように整備されていなかったこともあり、1980年代までは、社会の脇役的なマイナービジネスでした。

1975年、それまで職業安定所と新聞の三行広告が主流だった中途採用市場に、求職者が十分に比較検討できる情報掲載を前提とした新しい求人情報誌ビジネスを持ち込んだリクルートで、草創期の「就職情報」編集長を1976年から8年間務めた神山陽子氏(元・リクルート常務取締役)の以下の証言が、その時代の空気を的確に表しています。

「会社を辞めた人を〝脱落者〟扱いする社会への義憤があった。堂々とやり直しができる〝明るい転職〟が当たり前の社会を作りたかった」(神山陽子氏)。

当初はびくともしなかったその差別的な空気は、時代を追うごとに変化し、転職は、当たり前どころか、適正なキャリア構築のための不可欠な手段となりました。

そして1990年代後半に登場したインターネットが、20年をかけて世の中を変えていき、ＡＩテクノロジーがさらに変化を加速化する２０２０年代へ向かおうとしています。

今では、転職を考える方々から、

・転職時に手段が多すぎ、情報が多すぎて選べない。
・複数の転職エージェントに相談したが、アドバイス内容が人によって違いすぎてどの意見を信用すればいいのか。

といった声が年々増加するような状況になっています。
また、中途採用サービスの現場で働く人事の方々や、転職サイトや人材紹介会社で働く方からは、

・人事業務は労働集約から解放されるのか？
・転職サイトは、クローリングにとってかわられるのか？
・人材紹介ビジネスは、ＡＩによって崩壊するのか？
・ＲＰＯはどこまで進化するのか？

といった、中途採用ビジネスの環境激変による将来不安の声が聞かれるようになっています。

ＩｏＴやＡＩ活用、また自動学習などの機能の進化により、ＨＲテクノロジーの分野には日々新たな変化が生まれ、ＨＲ（HumanResource）の中でも、さらにリクルーティングに特化したアルゴリズムやエンジンも生まれ続けています。

本書では、２０２０年時点で日本の最先端を走っている、ＨＲ系、特にリクルーティング系のサービスにもスポットを当て、これからの人材業界の変化の予測にも挑戦しています。

私個人は、１９８８年1月以降、転職情報誌『B - ing』『とらばーゆ』、転職サイト『リクナビＮＥＸＴ』にかかわり、また、人材紹介サービス『リクルートエージェント』の集客や機能開発の経験を重ねてきました。しかし、求人広告ビジネスと人材紹介ビジネスが、同じ転職＝中途採用市場で、近しいセグメントでビジネスを広げながら、垣根を超えて、一気通貫して俯瞰できる情報があまりに少ないことに不足感を感じていたことが本書の執筆動機の一つとなっています。

中途採用、転職という形での「人と企業」の接点づくりを、さらに合理的でもっと快適なものにしていくために。

人材ビジネスで働かれている業界の皆さんはもとより、これからリクルーティングビジネスに挑もうとしている皆さん、あるいは産業の変化の一つとして、客観的にこの業界に興味を持つ皆さんにとって、少しでも羅針盤となる情報を提供できれば幸いです。

なお、本書執筆にあたっては、この業界でサービスを生み出し、磨き上げる仕事に関わってこられた皆様にも貴重な取材のご協力をいただきました。

Indeed Japan株式会社 代表取締役ゼネラルマネジャー 高橋信太郎さん、ウォンテッドリー株式会社 執行役員 大谷昌継さん、エン・ジャパン株式会社 代表取締役社長 鈴木孝二さん、エン・ジャパン株式会社 取締役 河合恩さん、オープンワーク株式会社 代表取締役 増井慎二郎さん、株式会社ニューズピックス 代表取締役社長COO 坂本大典さん、ミイダス株式会社 代表取締役社長 後藤喜悦さん、旧・株式会社リクルート 元取締役 神山陽子さん、旧・株式会社リクルートエージェント 元代表取締役社長 岡﨑坦さん、旧・株式会社リクルート 元取締役 田畑千秋さん、社会情報大学院大学 客員教授（リクルート広報）・旧株式会社リクルート　求人情報研究誌「HUMAN・AD」編集長 渡邉嘉子さん、旧・株式会社リクルートエージェント 元代表取締役社長（株式会社DEIBA company代表取締役）清水達也さん、株式会社リクルートキャリアコンサルティング 代表取締役 前野一郎さん、旧・株式会社リクルートエージェント 海老原嗣生さん（株式会社ニッチモ 代表取締役）、株式会社リクルートキャリア 柴田教夫さん、株式会社リクルートキャリア 宮村収さん。

そのほか、本書の製作にあたってご協力いただいたすべての皆様に心から感謝いたします。また、この本を生み出すにあたり絶大なご協力をいただき、自ら編集を担当いただいた株式会社クロスメディア・パブリッシング代表の小早川幸一郎さんにも心より感謝いたします。

２０１９年９月
ルーセントドアーズ株式会社　黒田真行

採用100年史から読む 人材業界の未来シナリオ 目次

第2章 求人広告と人材紹介 2つの人材ビジネスの誕生

第3章 リクルーティングビジネスにおけるビジネスモデル変遷

第4章

リクルーティングビジネスの新潮流

第5章

人材業界のディスラプター

第6章 人事採用部門は変化にどう対応すべきなのか？

第7章 リクルーティングビジネスの未来シナリオ

序　章

採用支援ビジネスをとりまく全体像

写真提供：共同通信社

経済成長に伴い人手不足が深刻化した零細規模の商工業者は、地方の職業安定所などと連携して中卒者を集団採用した。彼らを運ぶ専用の集団就職列車も登場した。写真は北関東から着いた集団就職の一行、東京上野駅で＝1964（昭和39）年3月18日

労働力調達ビジネスの中の「採用支援サービス」

新卒採用、中途採用、アルバイト・パート採用という、いわゆる人材採用は、あくまで事業を推進するための労働力調達のひとつの手段にすぎません。

産業革命以降、機械や電気を中心としたモノづくりが主役だった〝工業化社会〟の時代には、専門知識や技術・スキルの習熟が求められ、企業が人材を長期雇用することが生産性向上と密接に紐づいていました。そのため、企業は、従業員個人への拘束性が高く、長期間安定して雇用できる「正社員雇用」を中心に、労働力を確保していくことが、最も「当たり前」とされてきました。2020年を迎えようとする現在にも、まだ「学校を卒業したら正社員で働くことが当たり前」という意識が色濃く残っています。

しかし、1995年前後を境に、インターネットや携帯電話の普及が加速し、〝情報化社会〟、そして〝ネットワーク化社会〟へと移行していく中、産業構造の変化にキャッチアッ

■0-1. 雇用形態別雇用者数 男女計 1984年〜2018年

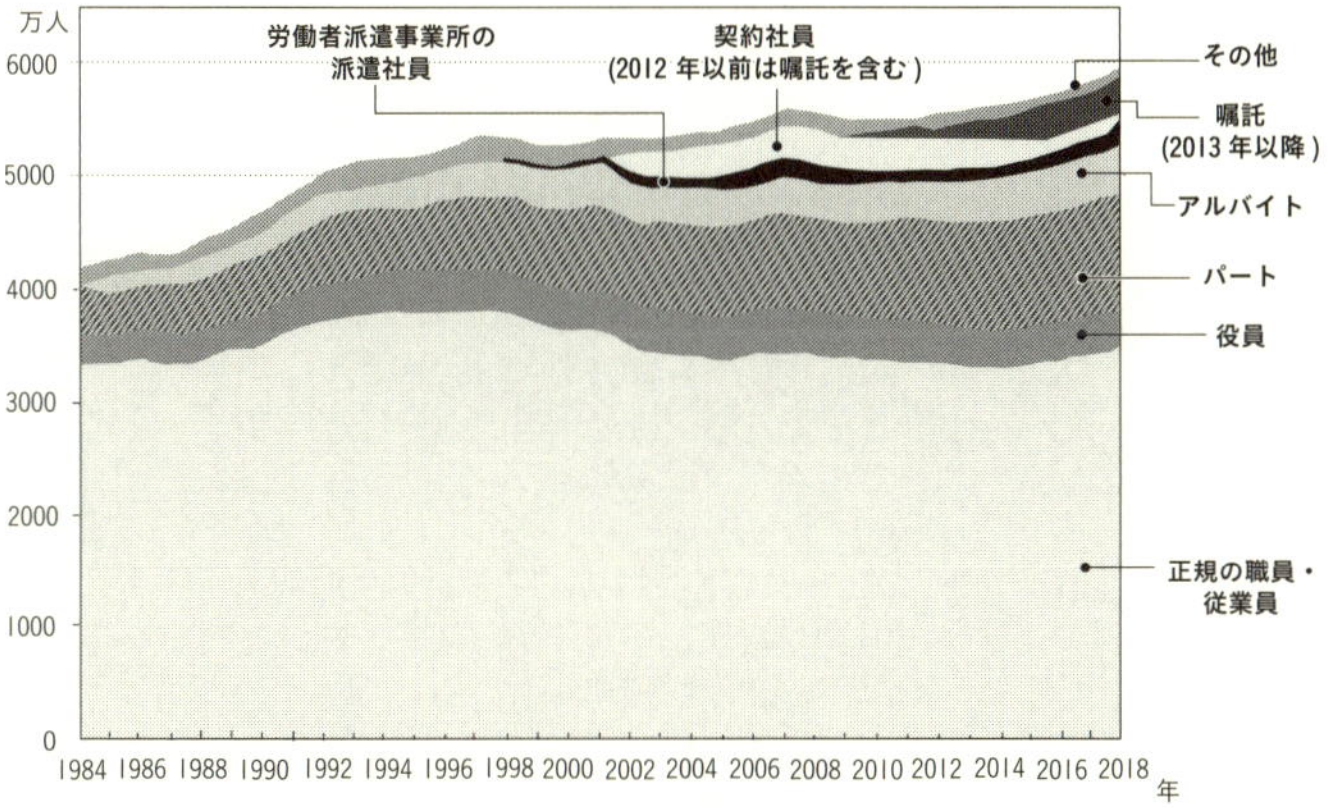

https://www.jil.go.jp/kokunai/statistics/timeseries/html/g0208.html

プできない企業が増え、従来存在していなかった新興ベンチャー企業が主役になりながら、雇用市場で求められる経験やスキルも、過去にはなかった速度で変化していきました。

重厚長大系大企業で、スキルチェンジに対応できなかった人々（多くは中高年齢層）はリストラ対象となることを余儀なくされ、先行した製造業に続いて、メガバンク、SIerなどでいまだに正社員の雇用収縮が続いています。

その一方で、契約社員、アルバイト、パートタイム、派遣、業務委託など、正社員以外の雇用形態や契約形態で労働力を賄う企業が増加しています。

元々そのような正社員以外の働き方は、一部の専門職を除いて、定型的な業務や、単純作業など、相対的に生産性が低い業務が圧倒的な割合を占めていましたが、時代の変化によって、非正規社員や業務委託契約の人々に任せられる仕事の種類や責任範囲は広がり続けています。

採用に近いところでは派遣という形態の働き方が、メジャーな存在になりつつありますが、派遣という働き方も景気や政策に連動して変化を続けています。

日本では、1986年（昭和61年）に労働者派遣法が作られましたが、それまでは人材派遣という業態は〝正式には〟認められていませんでした。しかし実態としては、そのような雇用は存在していたため、労働者の保護を目的に、専門性の高い13業務に限定して派遣業が認められるようになったことが始まりでした。

1996年の規制緩和で、派遣労働を行える対象業務が26に増え、1999年には原則自由化となり、それまでの許可制だったものから、禁止業務を指定する方法へと変わりました。翌年の2000年には、「紹介予定派遣」が解禁され、派遣契約から正社員に雇用形態を切り替えやすくする道筋も生まれました。

2004年からは製造業、そして2006年には医療機関の一部で派遣が解禁され、雇用できる期間の延長とともに、派遣業界にとっては非常に大きな追い風となり、ますます裾野を広げやすくなっていきました。

2012年（平成24年）の改正では、派遣スタッフと同一作業にあたる社員の賃金水準を参考に賃金が決められるようになりました。ほかにも派遣労働者が無期雇用への転換を希望する場合、派遣会社は派遣労働者の希望に添えるように努力する義務が課せられるなど、労働者保護と規制緩和の両輪でドライブが加速していきます。

そして2015年には、改正により全ての派遣労働者事業が許可制になりました。

また、派遣以外にも、フリーランスの業務委託や顧問、フランチャイズ、代理店契約など、さらに採用以外の多様な労働力調達手段のプレゼンスは高まってきています。

ランサーズ（2008年設立）やクラウドワークス（2011年設立）などのフリーランスの労働力マッチングサービスの登場で、デザイナーやライター、プログラマなどの職域から、労働力のマッチングがより臨機応変に広がってきている側面があります。

また、ミドル世代を中心とした顧問派遣サービスや、web系エンジニアを中心とした技術者派遣の形態は、生産性が突出して1社だけの雇用では割が合わなくなってしまったハイレベルなスキルを持った人たちの新たな労働市場を形成しています。

本書では、このあと、求人広告ビジネスと人材紹介ビジネスが担ってきた中途採用マーケットをベースに、採用支援サービスの過去から現在までの流れを通じて、この先の未来を読み解いていきます。中身をお読みいただければ理解いただけると思いますが、人材サービス業界も、他の世界と同じように過去から現在に近づくほど、幾何級数的に変化のスピードが速まっています。

当然、現在から未来もさらに変化は加速していくはずです。

それがどのような未来かを考えるひとつの〝モノサシ〟として、本書では人材採用に関わるサービス全体が、「人材を採用する側の企業主体のサービスの在り方」から、「求職者主体のサービスへの変化」が今後さらに求められ、その結果としてこの業界が適正な進化を遂げていくのではないか、という仮説を提案させていただきたいと考えています。

日々進化するテクノロジーや、雇用に関わるこの業界の中で、様々な立ち位置から発信されるニュース、政治や社会通念の変化などで起こるできごとなど、大小軽重様々な情報からもたらされる影響や刺激とは別に、過去100年に起こったことを参考に、今後の100年にどんな変化が起こるのか、あるいは起こしていくべきなのかというテーマを皆

■0-2. 労働力調達の手法概観

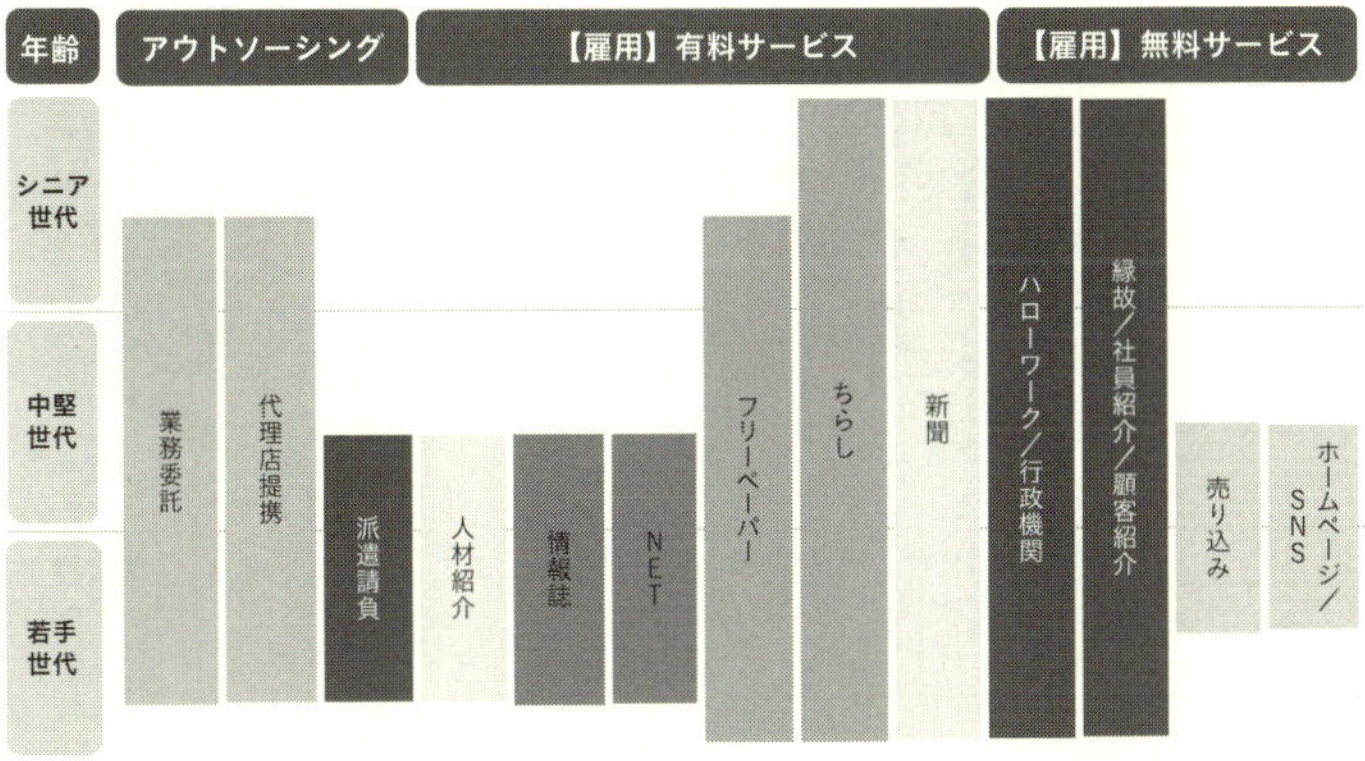

さんと一緒に思考していきたいと思います。

複数のサービスの変遷を、一冊の中でご紹介していくために、時系列が前後する部分も多々あります。前から後ろの順番にこだわらず、目次をご覧になって、ぜひご自身が興味のあるページから読み始めていただければ幸いです。

時代の波を受け続けてきた新卒採用

人材採用、特に正社員の採用については、新規学卒者の採用と社会人経験者の中途採用の2種類が主流となっています。この本は、中途採用をメインに採用支援ビジネスを紐解いていますが、新卒採用の需給の歴史について簡単に触れておきたいと思います。

新卒採用は、高度成長期の1950年代に地方の新規中卒者が、東京など大都市の中小商工事業者に集団就職する流れが発生し、「金の卵」と呼ばれた動きが有名ですが、さらにさかのぼると、1873年（明治6年）に学制が決められ、大学が発祥されたのち、1879年に財閥企業の三菱が新規大学卒業者の定期採用をスタートさせたのが始まりだと言われています。当時の大学は「旧帝大」と言われるエリート養成機関であり、卒業すると官僚か学者になることが当たり前でしたが、民間企業での採用は中央省庁に近い財閥系企業の幹部候補生という形からスタートしたようです。

■0-3. 求人総数および民間企業就職希望者数・求人倍率の推移

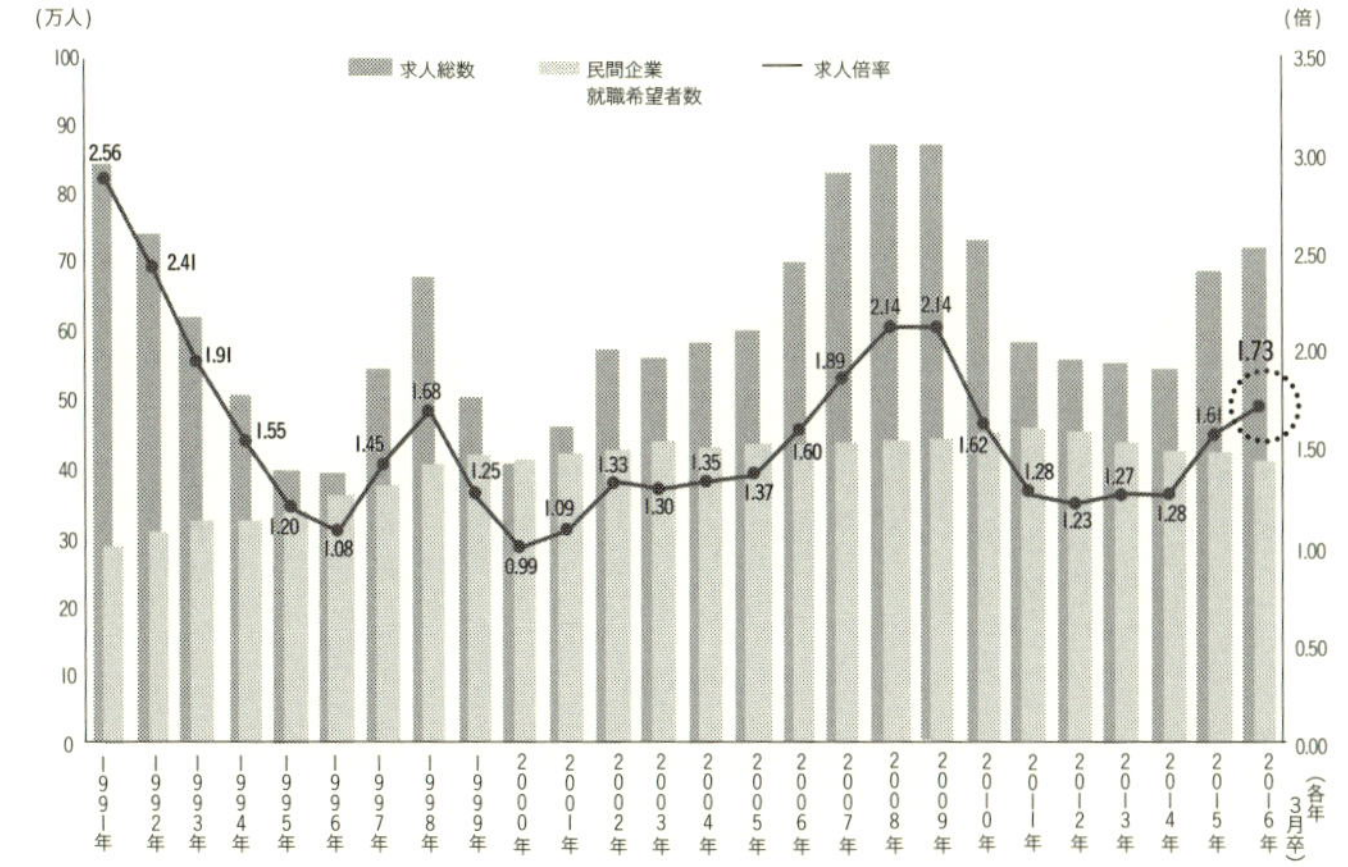

大卒者の有効求人倍率（出典：第32回ワークス大卒求人倍率調査、2016年卒、リクルートワークス研究所）

第一次世界大戦（1911年～1918年）に大戦景気で沸いた日本では、優秀な人材採用を大卒者で賄うことができなくなった企業が、高等小学校を出たばかりの若者を多数採用し、社内で育成するようになりました。専門的な技能や技術だけに限らず、基礎教養まで教える企業もありました。成長可能性の高い新卒人材を採用して社内で教育し、戦力化していくシステムは、日本の就社型・総合職採用の原型となり、新規大卒者にも適用されて広がっていくことになります。

しかし第一次世界大戦後の1920年から、深刻な戦後恐慌に陥った日本では、企業が急激に厳選採用に切り替えた結果、就職希望学生があふれる状況になりました。不況下の常として、内定取り消しや解雇が横行することになったため、大学は就職部を設け、学生の就職活動をサポートするようになりました。厳しい就職難を突破するため、学業をおろそかにして就職活動に打ち込む学生が増えたことが問題視され始めます。

その問題に対応するため、1928年には財閥系企業が発起人となり、大学生の採用試験は卒業後に実施するものと取り決められることになりました。新卒の一括採用方式は是か非か、という議論は現在も続いていますが、新規大卒者の就職に関する基本骨格造は、この当時からスタートしました。1929年には、当時の世相を反映した映画「大学は出たけれど」（監督：小津安二郎）が流行しています。

その後、第二次世界大戦の軍事体制時代には、職業選択の自由がほぼなくなる状況を経て、第二次世界大戦後には、朝鮮戦争特需によって再び企業の採用意欲が上昇し、学生にとっての就職状況は好転します。売り手市場の過熱で、経験者の引き抜き型中途採用が横行すると同時に、新卒初任給が急騰する事態となり、1940年には、政府によって初任給の一律化が打ち出されるまでになりました。それまでは大学ごとに幅があった初任給の格差が、この時を境に平準化され、その後長く横並びの時代が続くことになります。

また、1953年には、初の就職協定がスタートし、企業の採用活動は大学4年生の10月以降に限定されることになりました。大学進学者数が増加し、大企業におけるホワイトカラーや技術者など、いわゆるサラリーマンの採用が多様な業種に拡大する高度成長期に突入していくことになりました。

今では当たり前になった学生が自由に就職希望する形態も、この時代を機に一般化していき、逆にそれまで主流であった、教授や就職課からの推薦経由での就職数が減少していきます。

1960年代～1980年代にかけては、オリンピック景気、大阪万博特需、ニクソンショック、オイルショック、日本列島改造論によるインフララッシュ、自動車・ハイテク産業の隆盛、プラザ合意による円高ショックなど、激しく景気の上昇と下降波動を繰り返しつつも、バブルに向けて長期的には右肩上がりの景況感の中、青田買いとそれを抑制しようとする就職協定の改定が繰り返される時代となります。また、製造業の隆盛を背景に、高校の新規卒業者の採用数が、大卒新卒の採用数を大きく上回る時代でもありました。

景気が盛り上がり人手不足になると学生を奪い合い、景気が冷え込むと採用の門戸が閉じられて就職氷河期が訪れる。就職協定が廃止され、インターネットによって自由化が加速されると、新卒採用の画一化が課題になるとともに、早期化による学業の阻害が問題視される。学業阻害が問題化すると、協定復活が議論される。

新卒採用は、景気動向のボラティリティと外部環境の変化の影響を受けて、外形的には似たような大きな振幅を繰り返しながら、少しずつ変質し、進化してきました。

いま新卒一括採用のシステムは、卒業する年によって就職の有利不利の格差が大きすぎ、また、一度失敗するとやり直しもきかないという状況を生んでいると問題視され、一括採用から通年採用に切り替える企業も増え始めています。また、少子高齢化で、若手人材の採用の競争激化は避けられないことから、新卒採用市場は、大きな方向転換を迫られつつあります。

ホワイトカラーや技術者の新卒採用は、もともと企業にとって「未来の幹部候補」の獲得という長期的な期待を背負っていたこともあり、「短期的な欠員補充」「即戦力人材の強化」という色彩の強い中途採用やアルバイト・パート採用とは異なる位置づけを持っていることも、多様な議論が巻き起こる理由となっています。

第1章

職業選択の広がりと採用ビジネスの100年

士農工商、江戸時代の職業構成

「何人も、公共の福祉に反しない限り、居住、移転及び職業選択の自由を有する」〝職業選択の自由〟は、1946年に公布された日本国憲法第22条第1項に明文化されてから、まだ70数年しか経過していない権利です。しかし、国民の権利として確立する前から、実際には多様な職業選択や職業移動は行われていました。

職業選択をめぐる社会環境は、当然ながら、時代によって大きく変化してきました。まずはその歴史をさかのぼって見てみたいと思います。

江戸時代が身分の違いによる格差社会であったことは周知のとおりですが、これまで唱えられてきた「士農工商」という身分序列は、近年の研究で実は不正確であることが明らかになり、平成12年以降、教科書にも序列について言及されなくなっているようです。とはいえ、江戸時代が身分制度の世の中であったことには変わりません。基本的には、職業選択の自由はなく、あくまでも世襲が大原則でした。中には、生まれたときから人として扱われないような人々が存在する差別的社会でした。
「士農工商」という言葉は、中国で古くから使われていた言語で、本来は広くあまねく、あらゆる職業の人々を総称する言葉として（たとえば老若男女と同じようなニュアンスで）使われていたと言われています。

実際の身分区分は、「武士」と「百姓・町人等」という大多数と、特別かつ少数の「公家」、「神主・僧侶」というような分類になっていたということです。

一般社会においては、少数の特権階級である武士の支配下に、百姓・町人等が存在する二階層構造になっていたと考えられます。また、武士は苗字・帯刀などの特権を持ち、「農工商」に優越する身分でしたが、「農工商」は、厳密に固定されていたわけではなく、百姓が都市に出て商人になるというように、相互間の身分変更はある程度は可能だったようです。

江戸時代初期の人口における職業（身分）分布は、最大多数の約8割が、村に住む百姓（農業、漁業、林業などの一次産業従事者とその家族）で占められていたようです。村の中には、村役人（百姓の代表）として、名主（または庄屋）、組頭《くみがしら》、百姓代《ひゃくしょうだい》という三役で構成されていました。また、自治と租税回収を円滑にするために、百姓や町人が連帯責任を負う五人組の制度が運用されていました。

村に住む百姓とは別に、町に住む人々が町人と呼ばれ、モノづくりをする職人や流通を担う商人の世帯で構成されていましたが、全人口の中では5％程度に過ぎず、少数派でした。

町人の中の格差としては、家屋敷を所有して人に貸す「地主」や家屋敷を所有して自ら店を構える「家持」のような富裕階層と、手工業者である諸職人、また、家持商人のもとで奉公人（店員）として雇用される百姓の子供たち（長男以外）の一般階層に分かれていたようです。

この「奉公人」と呼ばれる働き方が、江戸時代における〝雇用〟の主流だったと言ってもいいかもしれません。

当時の奉公制度を、期間で分けると、以下の分類となります。

・終身奉公…生涯を通じた奉公。武家に多い。

・年季奉公…数年の契約期間年数を決めた奉公。
・出替（でかわり）奉公…1年または半年などの期間での奉公。
・日傭取り…主に1日や数日などの短期就労。

年季奉公は職人に多く見られた契約で、大工などのモノづくりの仕事において、一人前になるまでの徒弟奉公が主流であった。

商家では、丁稚、手代、番頭などの職制があり、若い人の多くは年季奉公形態でした。奉公人の給料は、江戸時代中期で、男性が年3両、女性が年1～2両という相場でした。時代によってかなり貨幣価値は変わりますが、1両は今でいうと15万円程度なので、男性で年収45万円、女性で20万円台という金額となります。ただし、奉公人は衣食住が支給されるため、現代の年収とは少し見方が異なります。日雇契約の場合は、日当が150～200文（今でいうと5000円～6500円）程度だったようです。

江戸時代の仕事探し

江戸時代の求人市場では、どのようなマッチングが行われていたのでしょうか？

当然ながら江戸時代には、現代のように求人を扱うメディアがなく、公募という概念がありませんでした。人と仕事の出会いは、いわゆる縁故採用が主な経路となっていました。商人や職人など、人を雇う経営者側が、親類縁者や取引先からの紹介などをもらい、そこからめぼしい候補者を選んで声をかけるという流れが一般的だったそうです。

また、血縁や地縁が重視され、縁が濃いほど優先的に採用されるという信用システムが機能していたようです。仕事上のスキルや能力よりも、身元保証が重視される時代だったために、縁故や紹介者がいない人たちは、職にありつくことさえ難しかったようです。

しかし、そういうバックボーンがない人向けには、こういう人たちのために、都市部においては、人宿《ひとやど》や桂庵（または慶庵，慶安）と呼ばれる口入屋《くちいれや》（人材の周旋業者）が、奉公先の紹介や身元保証と交換に、給与の一部を報酬として受け取るというビジネスをしていました。

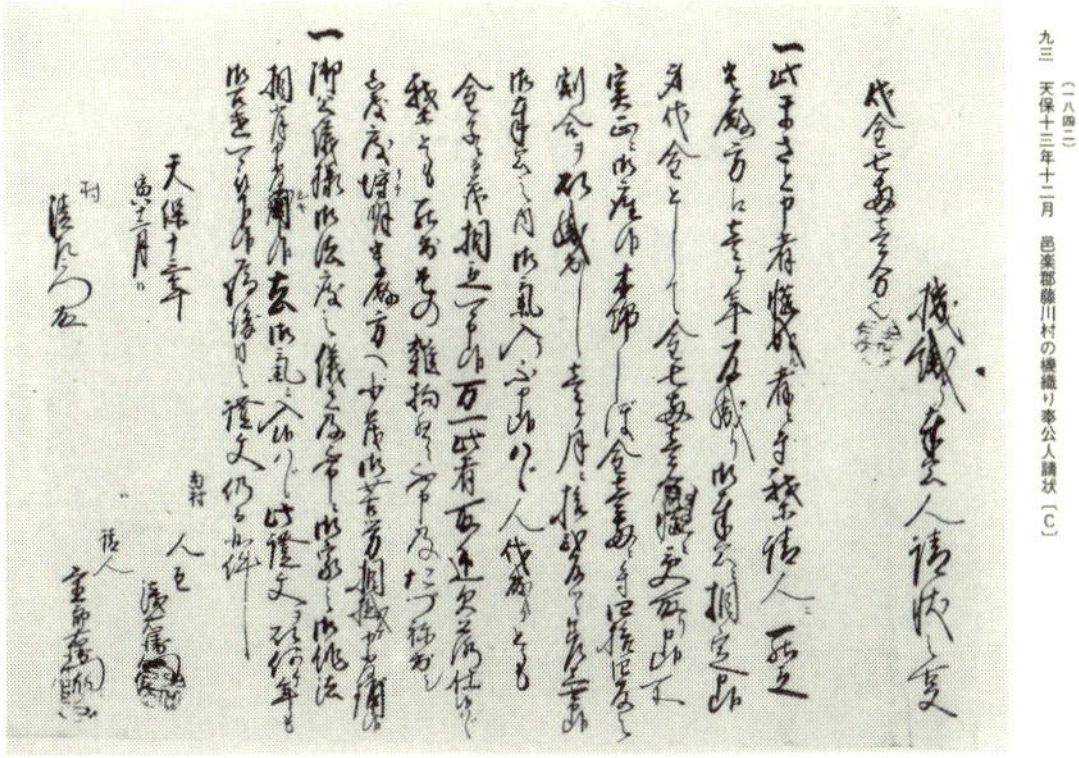

明治中期から昭和初期にかけて「中野絣(なかのがすり)」の名で隆盛を博した館林地方の綿織物産業。この文書は天保13年(1842年)12月に、邑楽郡藤川村の浅右衛門が娘まさを織屋清左衛門のもとに機織り奉公に出した際の請状である。　相澤家文書(群馬県立文書館 複製収蔵)

ちなみに人宿は、求職者である奉公人からは身元保証の費用としての判賃(保証人となって契約書に判をおした者が、その報酬として受け取る金銭)を取り、また雇用元となった奉公先からは周旋料(口入料)をもらう両取りのビジネスモデルだったようです。

一方、農村地方では、職さがし、人さがしの方法として「人市《ひといち》」がありました。いわゆる青空労働市場の形態です。交通の要衝などで開かれる人市では、求人者と求職者とが直接顔合わせをして、話し合いがまとまると雇用関係を結ぶという形式になっていました。

雇用契約は「奉公約束の証」を神前で取り交わし、その後すぐに奉公人は雇主とともに仕事場に直行。職種としては、農業労働者、女中、下男、子守などが中心だったようです。また、就労期間は長くて1年、田植、麦刈などの1カ月に満たない短期契約も多かったそうです。

メディアがなかった時代に、この人市が公募採用の役割を果たしていたのかもしれません。

日本という小さな国で、人材紹介業がはるか昔の江戸時代から成立した背景には、江戸という100万人都市の中央集権化と参勤交代制が大きく関係しています。当時、世界でもトップの人口を抱えていた江戸は、インフラや食糧流通で大量の労働力が必要となっていたために、人材の流通業である斡旋業が早期に成立する必要があったのです。

明治～大正～昭和　戦争と職業選択

時代は明治に移り、1872年（明治5年）に日本最初の日刊紙として創刊された東京日日新聞（現在の毎日新聞）の7月14日付本紙に、日本で初めてと言われる求人広告が掲載されます。

最後から2番目の記事が「初の求人広告」でした。募集職種は、「乳母」。以下がその求人広告の内容です。

「報告
乳母を雇入れたいので心あたりの者は（中略）御尋ねください。本乳にして乳さえよろしいならば給金は、他のところより高く差し上げます」

たった4行のこの広告から、日本の求人広告ビジネスは始まりました。

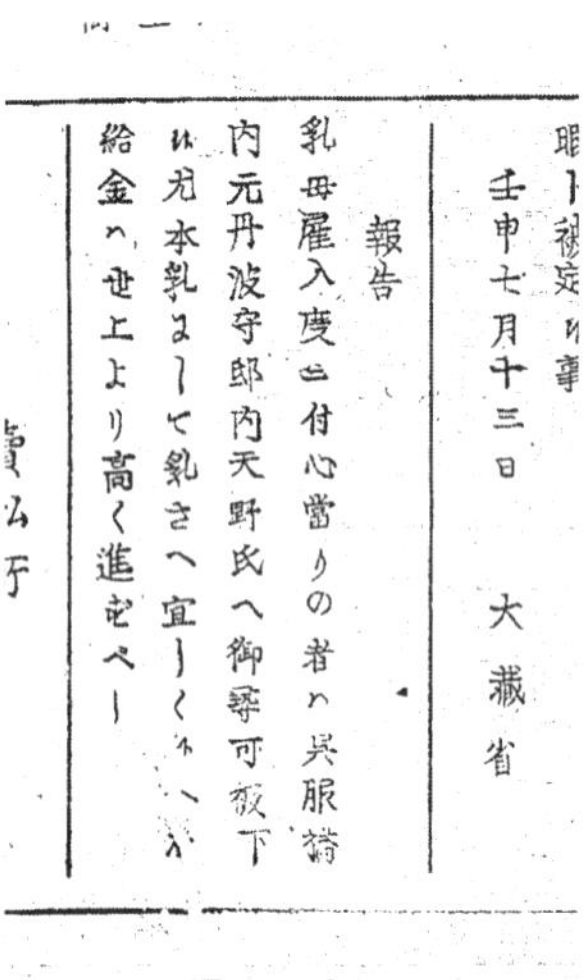
壬申七月十三日　大藏省

報告

乳母雇入度ニ付心當りの者ハ呉服橋内元丹波守邸内天野氏へ御尋可被下候本乳にして乳さへ宜しく候へば給金ハ世上より高く進ずべし

東京日日新聞の第130号。最初の記事は大蔵卿井上馨の「官書公報」があり、最後から2番目の記事が「初の求人広告」。

見出しは「報告」、文面は、「乳母雇入度ニ付心当りの者ハ呉服橋内元丹波守邸内天野氏へ御尋可被下候。本乳にして乳さへ宜しく候へば給金ハ世上より高く進ずべし」というもの。

写真提供：毎日新聞社

子どもを産んでも育てられない人が子供をもらってくれる人の募集広告、子供が欲しくてもできない人たちが子供を譲ってくれる人を募集する広告、結婚相手を求める広告など、新聞広告を使って、今では考えられない募集をするものもありました。

伝言板的な求人広告の形態は、明治から大正に入っても受け継がれていき、募集される職業は、見習い看護婦や女料理人、外務員、職工、事務員などが多く掲載されていました。また、カフェの店員やバスガールやタイピストなどの新しい職業も掲載されるようになっていきました。

また、昭和に入ると、恐慌や不況にもかかわらず、企業や商店では人材募集に力を入れていたため、年々広告は増加していきました。

■1-1.中学校・実業学校・女学校生の「希望職業」(1933年)

	中学校（男子969人回答）		実業学校（男子1441人回答）		女学校（女子864人回答）	
1位	軍人	174人	商業者	814人	教育者	324人
2位	医師	160人	会社員・銀行員	164人	商業者	90人
3位	商業者	104人	実業家	145人	職業婦人	55人
4位	教育者	96人	工業者	61人	裁縫師匠	49人
5位	工業者	58人	官吏	35人	医師	49人
6位	学者	51人	軍人	33人	事務員	46人
7位	政治家	48人	サラリーマン	22人	薬剤師	33人
8位	会社員・銀行員	45人	政治家	20人	銀行員	25人
9位	実業家	34人	職工	20人	店員	25人
10位	官吏	27人	教育者	18人	看護婦	20人
その他	技師、法律家、薬剤師など		法律家、デザイナー、記者など		音楽家、茶道師範、画家など	

〔大阪府中等学校校外教護聯盟編『中等学生の思想に関する調査3』(1934年) より作成〕

百貨店や中小の商店の店員、保険の外交員、カフェやバーの女給などが代表的なものとなっていきます。

しかし、1936年（昭和11年）をピークに、急速にこのような広告が消滅していくことになります。

1939年（昭和14）9月1日早朝、ドイツ軍がポーランドに侵攻したことを皮切りに第二次世界大戦が勃発。翌年に、日独伊三国軍事同盟で参戦した日本も一気に戦時下に突入、「海軍志願兵徴募」「造船業における増産戦士募集」「最前線への補給船の船員募集」など、求人広告も戦争一色に染まっていくことになります。

戦局が悪化した1944（昭和19）年1月には「緊急学徒勤労動員要綱」が閣議決定され、学校と工場が直接連係して、いつでも学生を労働力とし

『海軍飛行兵募集』1942年
(『求人広告半世紀』より)

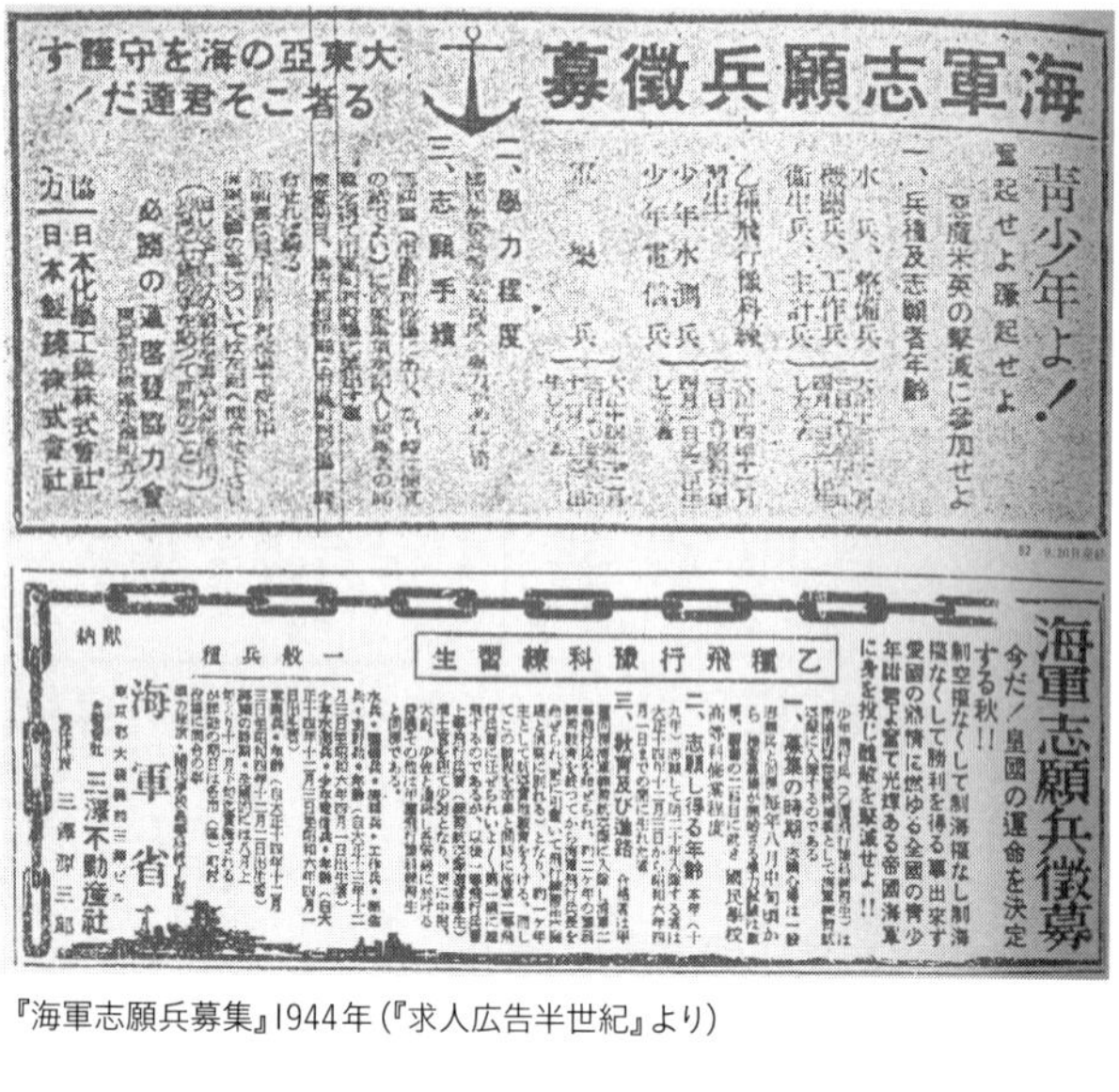

『海軍志願兵募集』1944年（『求人広告半世紀』より）

て動員する体制がつくられました。

また、同年8月に「学徒勤労令」が発令されると、中学校以上の学生は男女問わず、工場で兵器や食料の生産に従事しました。学生たちはいっさいの職業選択の自由を奪われ、「お国のため」に働くことが義務付けられることになりました。そして、1945年（昭和20年）8月14日のポツダム宣言受諾で終結するまで、その状況は続きました。

戦後〜高度成長期 求人市場の覚醒

1945年（昭和20年）に敗戦という形で15年続いた「戦争の時代」が終結。日本経済はどん底の状況でした。1945年の鉱工業生産額は戦前の3分の1しかなく、農業の主力である米も記録的な凶作に見舞われ、ハイパーインフレで物価が激しく上昇するなど、国民経済は非常に苦しい時代が続きました。

そこに大量の復員軍人や引揚者がいたため、新たに職を必要とする人は多く、大量の失業者が発生する状況が生まれたようです。農業国だった日本から出征した若者が故郷に戻り、最初は祝福されていても、長男しか家督を継げない農村部で、二男三男に分け与えられる農地はなく、農閑期には穀潰《ごくつぶ》しと言われ、居場所を失う人も多くいたようです。故郷を出て都会で働くにも、都市部も食糧難、就職難で、入り込む余地がないという袋小路に入り込んでいました。

■1-2.15歳以上人口と労働力人口の推移

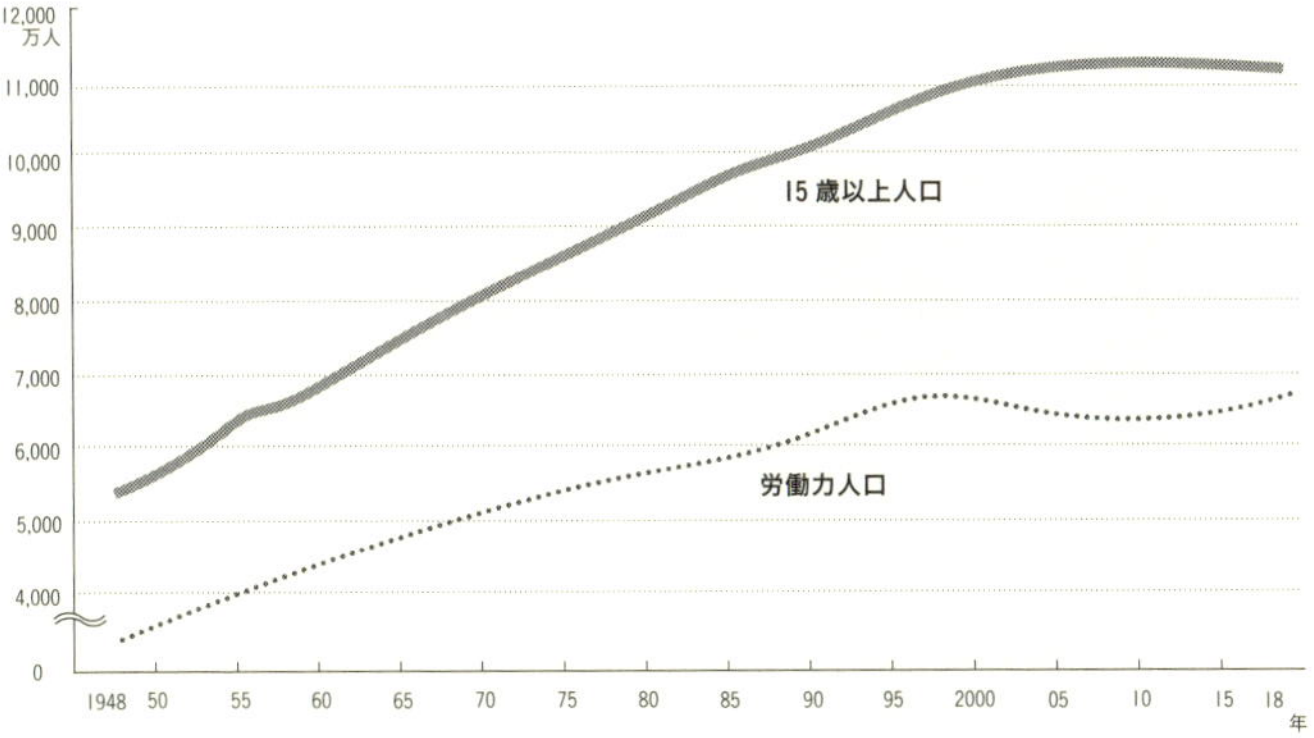

ちなみに終戦当時の農業人口は戦前よりもはるかに多い１６００万人以上に膨れ上がり、全国の全就労者の45%を占めていたそうです（総理府統計）。

そのような状況を受けて、アメリカをはじめとする連合国は、日本における経済の民主化として、農地改革や財閥解体、教育民主化などを進め、合わせて労働基準法などの整備も進められました。

しかし、このどん底状況を一変させる事態が１９５０年（昭和25年）に起こります。朝鮮戦争の勃発が日本に特需をもたらし、経済復興を加速させました。

その後、１９５５年（昭和30年）から１９５７年（昭和32年）にかけての神武景気、外貨準備

なべ底不況の1956（昭和31）年2月16日、東京・内幸町の帝国ホテル近くで職を求めて立つ青年。前年秋には完全失業者が全国で72万人に達し、失業問題が深刻化した大就職難時代だった。鉱工業生産などが戦前の水準を上回ったことで経済白書が「もはや戦後ではない」と宣言するが、高度経済成長時代が到来するのはもう少し先になる。

写真提供：共同通信社

高不足での「なべ底不況」を経て、「岩戸景気」が訪れます。重厚長大産業が大量生産を開始し、その消費に増大に合わせて池田勇人首相が「所得倍増計画」を打ち出すなど、国全体がベンチャー企業のように高速で回転し始め、高度成長期に突入していきました。

朝鮮戦争勃発で、日本が米軍の補給基地となったことで経済が息を吹き返す特需が起こると、再び戦前の人材争奪戦が復活、都市部では学生の獲得のため、地方から都市部への「集団就職」が行われ、東京の上野駅には学生服を着た「金の卵」たちが集まりました。

昭和25年当時の東京都の高校進学率は50％を超え、その後も年ごとに上昇していったために、中小企業は、中卒で就職する者の多かった地方

サラリーマンの出勤風景＝1960（昭和35）年11月、東京駅八重洲口　写真提供：共同通信社

に求人募集の的を絞りました。そのため、全国新規中卒者の求人倍率は、団塊世代の子供たちが次々に中学を卒業した昭和40年までに3倍を超える状況になりました。

東京、神奈川、大阪へと大量に労働力が流れ込む土台となったわけです。ちなみに集団就職臨時列車は、昭和49年まで、その後20年間にわたって走り続け、都市への人口集中と農村の過疎化という日本の労働力移動を推し進めることになります。

中卒者の集団就職の就職先は、建設業、製造業、サービス業などの零細企業が多かったこともあり、勤務先に住み込み、不規則な勤務時間、不定期な休み、残業手当は支給されずに家事の手伝いもさせられるなど、労働条件は整備され

通勤ラッシュの時間帯に列車からはき出される通勤客＝1977（昭和52）年12月26日、東京都港区の国鉄・新橋駅で（午前9時撮影）　写真提供：共同通信社

ていないことが多かったそうです。同僚や先輩からのいじめで離職する人も多かったそうです。そこで大量に発生した転職者が、やがて新聞の三行広告を中心とした求人広告産業を大きく育てていくことになります。

第2章

求人広告と
人材紹介
2つの人材ビジネス
の誕生

求人広告ビジネスの誕生

三行広告を中心に、新聞の求人欄が、求人広告ビジネスの源流として長く続いてきましたが、1960年代を迎えて、徐々にその形態が変わり始めます。

1960年3月、江副浩正氏が東京大学の学生新聞である「東京大学新聞」の広告代理店「大学新聞広告社」（現・リクルートホールディングス）を創業、1962年4月に大学生の就職活動のための情報誌『企業への招待』が創刊されます。

就職活動にあたっては、それまで大学ごとに設置された就職課に掲出された求人票をいちいち見に行かなければならなかったものを、求人広告として企業から受注して一冊の情報誌にまとめ、学生に配布するというビジネスモデルが生まれました。

創刊当時の営業社員数は6名、掲載社数69社、売上高1165万円と、ビジネスとしては非常に小さな一歩でしたが、このビジネスモデルは、インターネットメディアが主流になった現代にまで引き継がれ、ニュース情報の販売収入が主流であった新聞広告では生ま

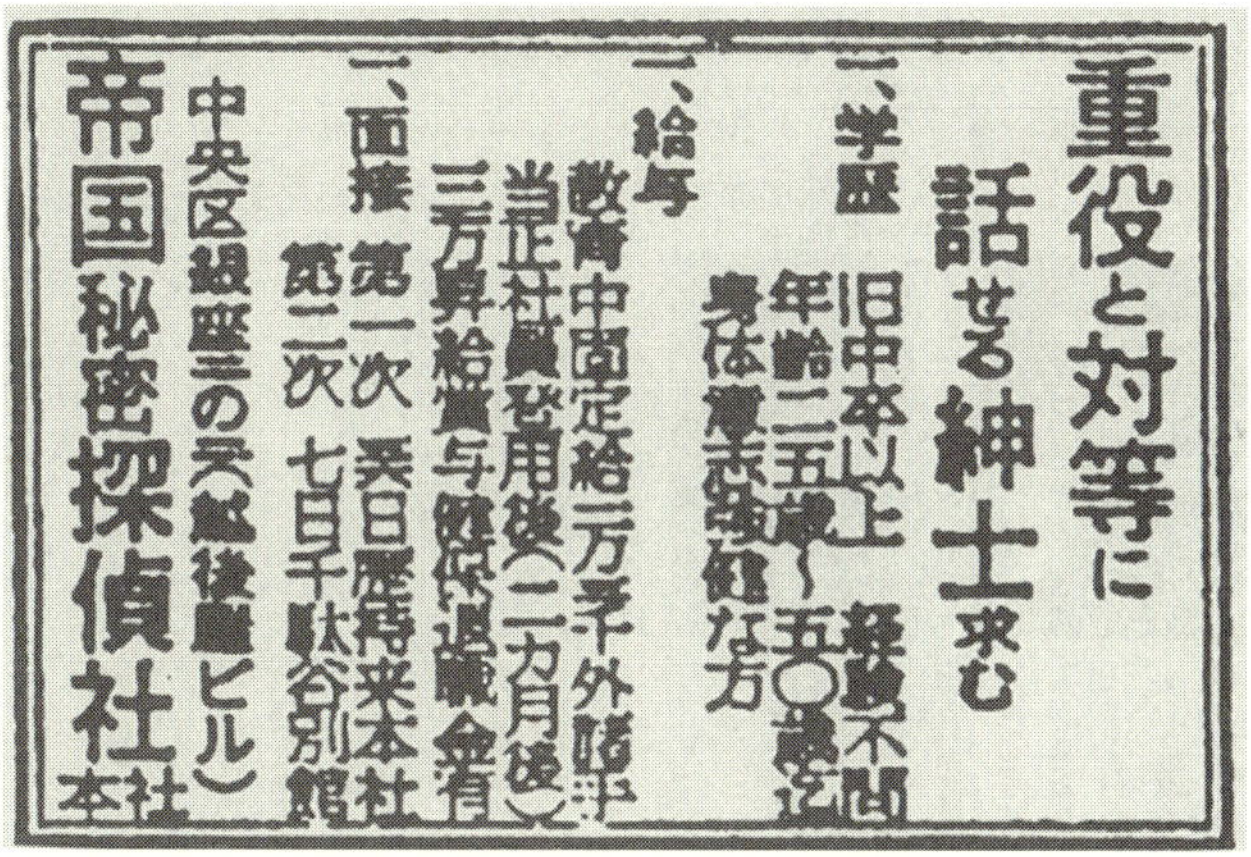

新聞求人広告：朝日新聞1961年10月4日掲載（『求人広告半世紀』より

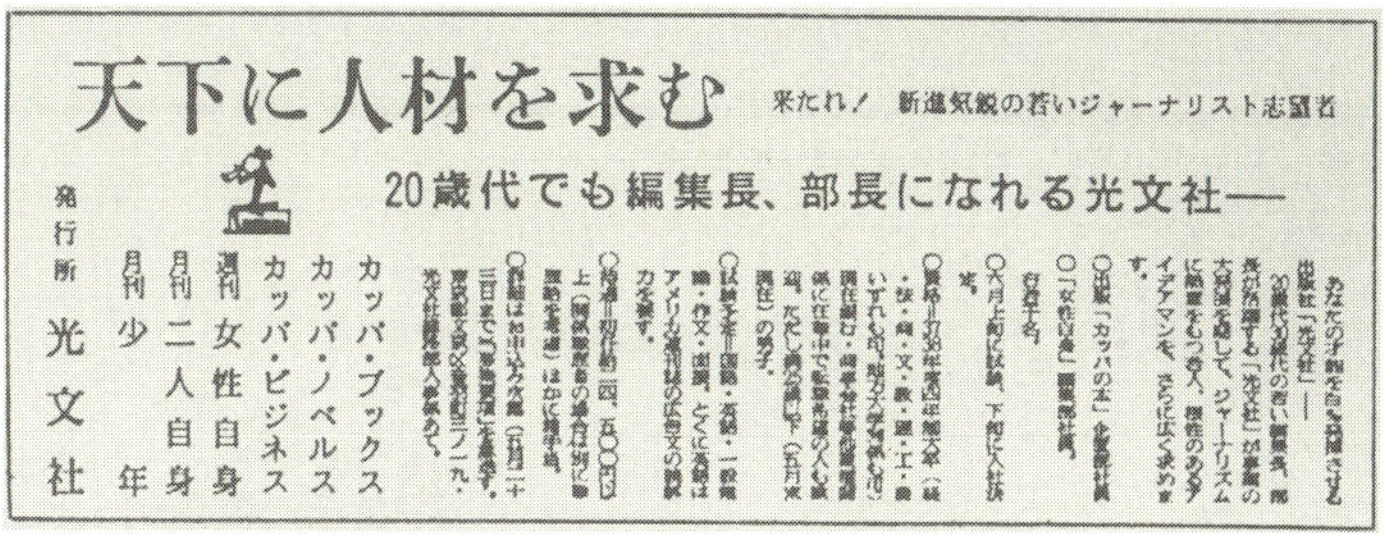

新聞求人広告：朝日新聞1961年10月4日掲載（『求人広告半世紀』より

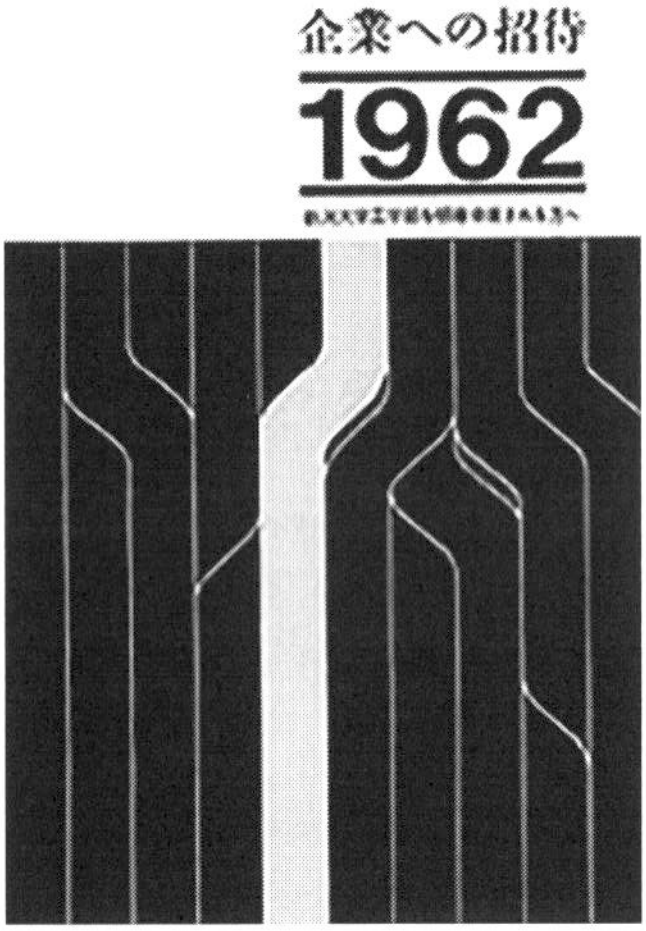

『企業への招待』（大学新聞広告社）

れえなかった、その後の巨大な求人メディアビジネスの源流となりました。

正社員・転職市場におけるインターネット広告だけを切り出しても、２０１７年度の市場規模は推計で１０００億円を超える規模になっています。

その後、１９６７年、アルバイト求人を専門にしたメディアとして、学生援護会（現・パーソルキャリア）が首都圏で『アルバイトニュース速報』を創刊。

１９７５年には、リクルートが正社員の中途採用求人を集めた『週刊就職情報』を創刊、これが正社員の転職市場における広告メディアビジネスの起点となります。その後、労働市場における女性の増加に合わせて、１９８０年、女性

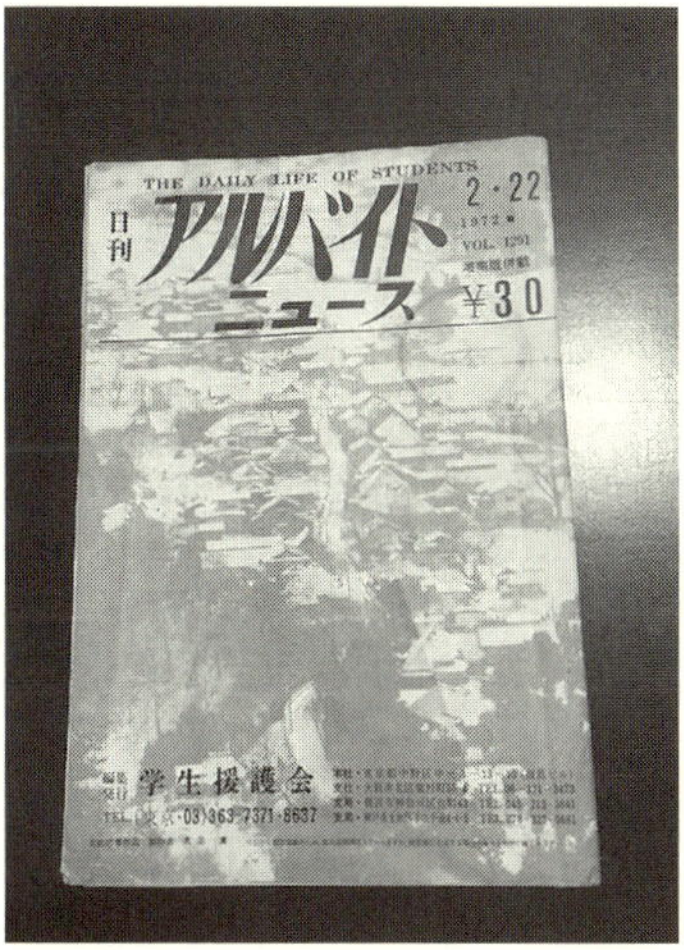

『日刊アルバイトニュース』
1972年2月22日号（学生援護会）

のための仕事情報誌として『とらばーゆ』が創刊され、その5年後、1985年には男女雇用機会均等法が施行されました。

また、製造業を中心に、電気系や機械系の技術者不足が課題になり始めたところで、エンジニア専門の転職情報誌『ベルーフ』が1982年2月に創刊。

徐々に、需要が高まるセグメントに特化したメディアに細分化していきます。その流れは、それ以降も続き、バブル崩壊後の景気対策として巨額の公共投資が行われると、建設や土木工事、物流などの需要の増加、また、飲食や小売りサービスなどの業態における調理師や店舗スタッフの募集の増加に対応するため『ガテン』が創刊されるなど、中途採用の広告市場におけるリクルートの攻勢は続きます。

1988年には『就職情報』と『ベルーフ』を統合した総合求人情報誌『B-ing』が創刊され、これまで公に中途採用を実施していなかった上場企業が続々と広告を掲載する〝転職は当たり前〟の時代が到来しました。

1996年にスタートした『デジタルB-ing』を源流に、2002年に『リクナビNEXT』がリリースされ、現在に至るまでインターネット時代における中途採用メディア市場でのシェアを確立していくことになりました。

転職者は、決して〝脱落者〟ではない

1976年から1984年まで『就職情報』編集長を務めた元リクルートの神山陽子氏は当時を次のように振り返る。

「新卒市場の〝隣〟にある中途市場は将来大きくなる予感もあったし、ビジネスとして成功もさせたかったのは事実です。が、私自身が、中途採用でリクルートの入社したこともあり、本心では一度会社を辞めると「脱落者」のように見る社会の目を変えたいという気持ちが強かったですね。新聞の求人欄では「給与は委細面談」としか書かれていない情報の圧倒的乏しさや新卒と中途の間にある待遇格差。〝堂々と転職できる世の中を作ろう〟。「明るい転職」が当たり前にできる国にしよう〟という合言葉をもとに、事業を作っていきました。一国の価値観が変わるにはとてつもない労力と時間が必要ですが、初めはびくともしなかったものが、少しずつ動いてやがて大きなうねりになっていきました」

中途採用市場の〝不〟をいかに解消するかというテーマと、ビジネスとしての可能性の両輪で事業が動き始めるとともに、リクルートをはじめとして、情報誌を出版する企業は、三

『とらばーゆ』創刊号
1980年3月（リクルート）

『就職情報』創刊号
1975年6月（リクルート）

行広告では当たり前だった「委細面談」を壊し、求職者が比較検討できるよう、「最低保証される月額固定給額」「勤務時間」「休日休暇」など、仕事探しにおいて外せない情報を必須項目として掲載するように自主運用する流れができました。

　これらの情報の開示を掲載の条件としたことで、十分に給与を支払えない企業や、労働時間や休日が少ない企業、ほかにも歩合給の割合が多いために最低保証額が低くなってしまう企業などは、「詳細は面談でお話しします」という意味の〝委細面談〟表記で不利な条件を隠すことができなくなったため、猛烈な抵抗を示すこともありました。

　リクルートの内部には、審査部門が置かれ、労働法規に違反している企業や、公的な消費者相談機関に苦情が寄せられる悪質なビジネスを展開している企業には、メディア発行企業として求職者を守ることを第一義として、掲載不可という判断を行うようになりました。数億円という巨額の広告掲載売上が見込めても、最前線の営業担当が矢面に立ちながらその方針は揺らぐことなく守られ続けました。

「必要な情報をすべて収めるためには、広告のサイズにも制約があります。創刊前に、実際に必要な項目をすべて収めたダミーの求人広告を作ってみて、最少のスペースはA4サイズの4分の1と決めました。これをクォータと名付けました」（神山氏）

「『明るい転職』を実現するための事業を開始するにあたって、私は、この事業が求人企業の立場に立つか、求職者側の立場に立つか、の選択がとても重要だと考えていました。メディアを成功させるためのすべての基盤は信頼です。転職市場における求人企業と求職者では、圧倒的に弱い立場にある求職者側に寄り添う必要があります。だから議論を重ねて、『就職情報』は〝求人情報誌〟ではなく〝就職情報誌〟という位置づけになっているんです」（神山氏）

情報の質にこだわるこの求人広告業界の姿勢は、やがて1985年に労働大臣許可のもとに設立された社団法人全国求人情報誌協会の設立につながり、同年11月には「求人広告倫理綱領・掲載基準」が制定される動きに連なっていきました。

求人広告が進化させた「ターゲティング」「メッセージング」技術

『就職情報』の登場により、詳細な募集要項を必須化して、求職者が比較検討できる情報量が担保されるようになったと同時に、掲載料に応じて自社や仕事の魅力を表現できるフリースペースが誕生したことで、求人広告の表現技術も大きく進化しました。

新聞における求人広告も、全面広告を利用した訴求などで、表現に応じた応募効果の違いはありましたが、数百社の求人情報だけが集められた情報誌の中で、比較検討されることによって生まれた切磋琢磨は、さらに表現の進化を加速させました。

１９９０年前後のバブル期には、超人手不足の影響で、求人掲載依頼が情報誌として製本可能な枠に収まらず、本来の締め切り日を待たずして受注制限がかかるほどになりました。

テレビＣＭを使って販売部数を増やすことで、応募効果を担保しようとしますが、それ

新聞求人広告：「西武セゾングループ」
朝日新聞1987年8月19日掲載（『求人広告半世紀』より）

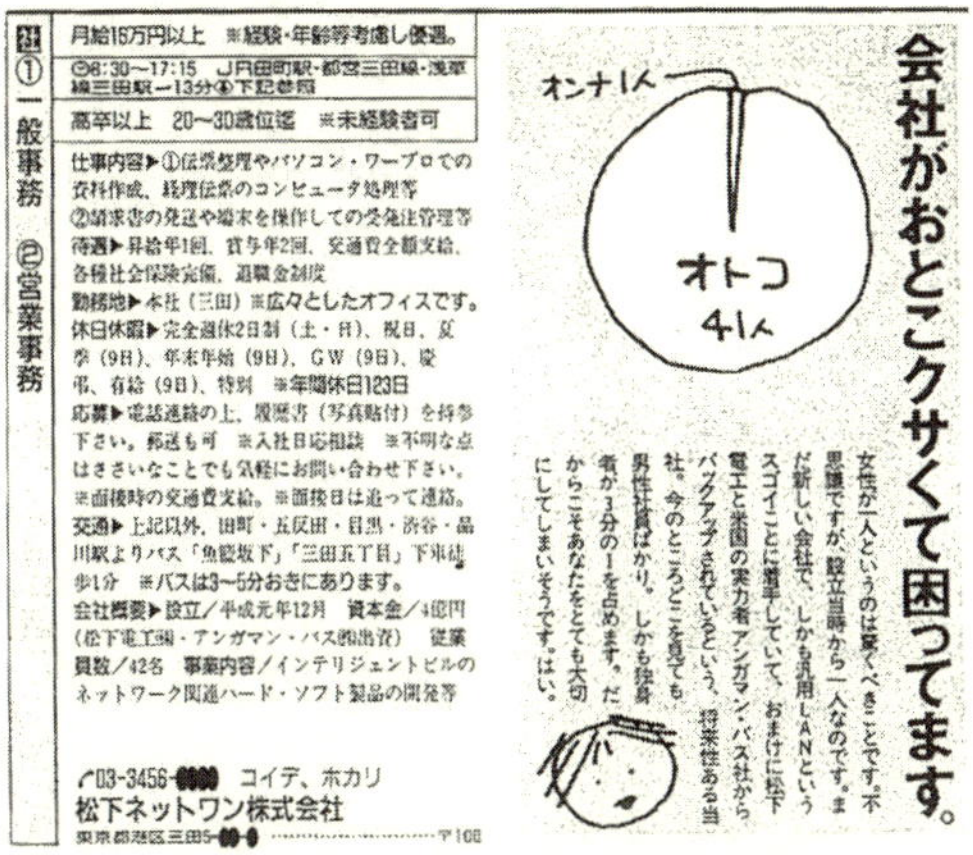

『とらばーゆ』求人広告：1991年『女性と求人情報』（渡邊嘉子）より引用

でも3K（きつい・汚い・危険）といわれた職種や、通勤の便の悪い地域、給与が低い求人などには人が集まりにくく、さらに表現による差別化が重要になりました。

どんな企業が、どんな募集背景で、どんな職種・ポジションで募集を行うのか？という募集側の状況を前提として、その仕事で現在、活躍している人の特徴・志向・価値観から、どんな人材に応募してほしいのか、というペルソナターゲティングを行い、そのペルソナが求めている情報を提示していくという、ターゲティングや心理学を応用したメッセージングの基本的な枠組みと、それを応用した表現のバリエーションが、1990年代にほぼ確立されたのではないかと思います。

ソーシャルメディア時代のリクルーティングが直面する課題

2010年代以降は、ソーシャルネットワークサービスの登場で情報環境は新たな変革期を迎えることになりました。SNSが登場する以前から、ハローワークと並ぶ転職の2大ルートで合った縁故採用（リファーラル採用）が、SNSによって一気に加速する可能性がありましたが、結果的には企業の機密情報管理の名目で、従業員が勤務先を明示してSNSを利用することに自粛を求める日本企業固有の環境などもあり、SNSのリクルーティング活用は、外資系企業やWeb系ベンチャーなどから、時間をかけて徐々に広がる状況となっています。

Facebookや Linkedin、twitterなどのSNSを活用したリファーラル採用サービスの中には、「あくまで採用のための企業広報が目的で、求人広告ではない」という前提で、詳細の募集条件を明示せずに、介在者を通じてその企業への興味・関心を高めるサービスも登場したことで、求人に関連した情報提供サービスの中での情報の質の多様化も進んでいます。ほかにも1to1で送信されるスカウトメールは、いわゆる公開された求人広告とは異なるために、掲載基準の概念に当てはまらずに、詳細の情報が提示されないまま応募を募る形式のものが増加しています。人と企業を結ぶ手段の多様化は喜ばしいことですが、結果的に流通する情報の質が低下したり、社風だけで判断して入社後にミスマッチに気づく事例が増えたりしないような工夫が望まれるところです。

また、情報の質という観点とは異なりますが、AIの活用により、インターネットサイト内での機能が、人材紹介のコンサルタントの業務を代替する面積も増加の一途をたどっており、求人広告と人材紹介の垣根が曖昧化していることが課題視され始めています。

「就職に失敗したら転職でやり直すことが当たり前の社会」は、求人情報誌が生まれて半世紀を経てようやく実現したかのように見えますが、どのような立場に立脚して、よりよい人材流動を生み出していくのか、という課題は、リクルーティングに関わる業界全体に問われ続けています。

職業紹介事業の夜明け

一方で、現在、人材紹介ビジネスとして、現在、2570億円（2017年度実績：矢野経済研究所）という規模に拡大している有料職業紹介の領域はどのような経緯をたどってきたのでしょうか？

日本における人材紹介業は、先に述べた通り、江戸時代から源流が始まっていました。大都市の東京や大阪には、「口入れ屋」と呼ばれる人材斡旋業者があり、仕事と人材の仲介が幅広く行われていました。しかし、法規制も全くない新しいビジネスであったため、劣悪な労働条件や、暴利をむさぼる業者が問題視されることが多く、結果的に同業者で自らルールを決めて規制を行うようになります。

明治時代になり、工場化が進むにつれ労働力がさらに数多く必要となるとまたしても強制労働や差別などの問題が発生したことから国から法令が制定され、有料職業紹介について基本的な規則が定められるようになりました。

そして昭和に入り、第二次世界大戦が終わった1947年（昭和22年）に、GHQの指導により職業安定法が制定され、人材紹介業に厳しい規制が課される時代になりました。職業安定法によって、「職業選択の自由」「採用募集における差別禁止」「守秘義務」など、近代的な職業紹介事業としての原則初めて確立されることになったわけです。

同年12月1日に公布された失業保険法、1949年（昭和24年）5月20日に施行された緊急失業対策法と併せた〝職安三法〟が、戦後の職業安定行政の支柱となっていくことになります。

いずれも大量の失業者の発生に対応するために生まれた立法で、戦後の不況とインフレの中で苦しむ国民に、非常に大きな役割を果たすことになります。

その後、昭和30年代の10年間で、日本の雇用労働者は約1000万人増加します。前述の、神武景気、なべ底景気、岩戸景気などを経て、昭和30年の後半から40年代にかけて日本経済は加速度を上げて高度成長期に移行していくことになります。大失業時代から、労働力不足の時代への転換が起こります。

激変していく雇用情勢に合わせた雇用関係の立法が相次いでいきます。

1958（昭和33）年　職業訓練法
1960（昭和35）年　身体障害者雇用促進法
1966（昭和41）年　雇用対策法
1971（昭和46）年　中高年齢者等の雇用の促進に関する特別措置法

これらの課題は、平成を超え、令和の時代に至っても、まだ多くのテーマを残して引き継がれていることはご存知の通りです。

日本の公的職業紹介機関は明治末期から大正中頃にかけて、市町村によって運営されるものが全国に創設されていましたが，前述の職業安定法（1947年）により、「職業安定所」として、国が統括することになります。

1970年代以降、民間の求人情報サービスが急成長し、求人・求職のあり方が大きく変化し始めると「暗い」イメージが強かった職業安定所の利用が敬遠されるようになったため、1990年から「ハローワーク」の愛称で一新されるようになりました。

民間職業紹介の急成長

日本の人材紹介業は、1997年に規制緩和の一環として、対象業務の原則自由化がされたことが大きな契機となり、爆発的に伸びることとなりました。2000年から2007年のたった7年間で市場規模は3倍以上に急増しました。2008年のリーマンショックでやや規模は小さくなりましたが、2011年度には1230億円、そして2017年には2570億円にまで巨大化しています。

人材紹介サービスが発祥したアメリカでは、1929年の世界大恐慌で経営難に陥った多くの企業が、社員を整理しつつも新規事業に挑むために必要な人材をピンポイントで獲得しようとして、ヘッドハンティングという手法が生まれたと言われています。

人物を指名して獲得に行くヘッドハンティングとは違って、要件に合わせて人材をサーチする人材紹介会社は1946年に設立されたボイデン社をはじめ、1950年代から1960年代にかけて続々と生まれ、人材紹介ビジネスが根付いていきました。その過程で、前課金型人材紹介（リテイナー）と成功報酬型人材紹介（コンティンジェンシー）が生まれ、取り扱うポジション、サーチ方法などにより分かれてきました。

たとえば、前課金型の場合、通常は相対的に高年収の上級管理職の求人がメインで、候補者の年収に応じて、着手金やサーチ手数料、成功報酬がそれぞれ別個に請求されるケースが多いようです。

日本における現代の人材紹介のビジネスモデルは、基本的にこのアメリカで生まれた形態を踏襲しています。


終身雇用が一般的で、人材の流動が少ない時代にはまったく伸びなかった日本における人材紹介ビジネスは、ようやく一部の領域で1970〜1980年頃になって少しずつ成り立つようになりました。

1962年1月にホワイトカラー領域では日本初となる人材紹介会社として、株式会社ケンブリッジ・リサーチ研究所が創業されました。高度成長期を迎えた日本市場を目当てに日本国内に拠点を置き始めたアメリカのグローバル企業に対して、人材を送り込むことが主なミッションでした。まだ転職が当たり前でなかった時代、しかも「いつ首を切られるかわからない」という理由で、多くの日本人に避けられていた外資系企業は、求人広告を出稿しても反響は少なく、優秀な人材獲得に本当に苦戦したようです。

1977年11月に、リクルート系列の株式会社人材情報センター（のちリクルートキャリア）が発足、それを起点に日本企業に対する人材紹介も徐々に広がり始めました。1986年～1991年のバブル期を迎えると、それまで、大企業・外資系企業の幹部や技術者が多くを占めていた人材紹介サービスが、ヘッドハンティング型を中心に徐々に中堅・中小企業にも浸透し始めることになりました。

しかし、1991年にバブル景気が終焉すると、一転して多くの企業は急激に余剰人員を抱えることになります。リストラや採用抑制で、就職氷河期が到来します。

一方で、企業内で不足するスペシャリスト人材は、固定費のかかる雇用ではなく、人材派遣業で補填する傾向が生まれ始めます。しかし、技術系など高度な専門知識が必要な職域ではカバーすることができず、結果的に大々的な広告ではなく、クローズドな環境でピンポイントな採用ができる人材紹介の利用が進み始めます。

その後、1995年のインターネット登場や1997年の金融ビッグバンなど時代の変遷を経て、1999年には職業安定法の改正で制限されていた取り扱い業種の事実上自由化によって、一気に一大産業として花を開かせていくことになりました。

人材紹介事業の進化の変遷

リクルートは、1975年に転職情報誌『週刊就職情報』を創刊し、さらに1977年には関連会社として株式会社人材情報センターを設立、日本企業向けの中途採用事業の領域において本格的に事業をスタートします。そして、それ以降、日本企業の採用における人材紹介サービスが徐々に広がり始めることになりました。

1970年代中盤以降の人材紹介事業の進化のプロセスについては、日本の有料職業紹介事業市場でトップシェアを持つリクルートの人材紹介事業の歴史をたどりながら紐解いてみたいと思います。

1977年にリクルートが株式会社人材情報センターを設立して人材紹介事業を開始した背景には、いくつかのポイントがありました。

もともと『企業への招待』という新卒学生向けの就職情報誌を創刊した1960年の創業間もない頃から、社会人の転職に関わる市場への進出はリクルート内部で議論されていたものでした。しかし、会社も人材も若すぎて中途採用市場で事業を展開できる経験値が不足していたこと、新卒採用の広告事業の成長余地が大きく中途採用市場に回せる人的リソースがなかったこと、社会における中途採用へのマイナスイメージがまだまだ根強く市場性が見えなかったこと、などの理由で、事業化が後回しにされてきました。

創業から15年経過したリクルートは、1973年に勃発した第四次中東戦争が引き金となった石油価格高騰が招いたオイルショックの影響もあり、売上は100億円規模を達成しながらも、前年伸び率がわずか0・2%と成長率が急激に鈍化していました。新卒採用向けの広告事業だけでは、これ以上、成長できないと考え、一気に多角化の舵を切る必要が生まれたのです。

そして1975年に中途採用を市場化するべく転職者向けの情報誌事業がスタートし、1977年に人材紹介事業が関連会社としてスタートしました。そのため株式会社人材情報センター・初代社長の池田友之氏は、リクルート（当時の名称は日本リクルートセンター）の取締役でもあり、リクルートの中途採用事業部のヘッドを兼務する形で、新規事業領域を総合的に開発していくミッションを負っていました。

人材紹介事業が、別会社としてスタートした背景には、有料職業紹介事業が労働大臣の許認可事業であったため別組織として運営したほうがスピーディーに対応できるという判断があったと言います。また、社名にリクルートの冠を付けなかったのは、広告メディアの成功体験しかない企業として、未知の新業態には実験的にトライしたかったのではないかとも推測できます。

型破りな「前課金制」というチャレンジ

株式会社人材情報センターは、以下の３つの事業内容を柱として創業しました。

- **有料職業紹介事業**
- **広告代理店事業**
- **企業内研修事業**

広告代理店事業は、創刊直後の『就職情報』の求人広告の販売強化目的、また、企業内研修事業は、リクルート本体で展開していた人事教育事業の延長として、人材紹介の対象に近い中高年層の教育研修事業を拡大していくことを狙ったものでした。また、人材紹介事業がどこまで成功するか不透明な中での、リスクヘッジ策も兼ねていました。結果的にこれらの事業を持っていることで、のちのち人材紹介だけを専業とする会社との差異が生まれていくことになります。

また、株式会社人材情報センターは料金体系についても独自のスタイルを構築します。ケンブリッジ・リサーチ研究所、イムカ、日本マンパワーという、日本における人材紹介の先行企業は、一部のヘッドハンティング（スカウト）サービスを除き、紹介した候補者が入社確定した後に、手数料が発生する「成功報酬型」の料金体系をとっていました。

しかし、株式会社人材情報センターは「成功報酬型」ではなく、募集の依頼を受けた段階で手数料をもらう「前課金制」を導入しました。

実績もない会社が、人材採用が成功できるかどうかがわからない段階で前受金をもらうということは、当時としても常識外れでしたが、「前受金をもらって売れる自信が持てないような商品でなければ事業は育たない」という当時の事業責任者、溝渕真清取締役の強い意思がそれを具現化させました。

ちなみにこの前課金制の由来は、溝渕氏がリクルートの営業マネージャ時代の得意先であった日本警備保障（現・セコム）の社長・飯田亮氏が、日本初の常駐型警備サービスを開始した際に前課金制を導入したことで成長したという話に端緒があったそうです。

初期段階の料金体系は、紹介1名あたり募集広告費として前受金14万円、紹介が成立すると後払い成功報酬として、選考費7万円と紹介者の月額給与の60％という内訳になっていました。この方式を採用することで、紹介が成立しなかった場合に候補者を集める広告費が赤字になることを避けて、事業を運営することができるメリットが生まれ、より高速に事業を軌道に乗せることができるようになりました。

ただ、この料金形態の場合、採用目標人数が増えるほど、前受金が莫大に上がっていくため、1980年にTRS（トータル・リクルーティング・システム）という名称で商品化されたパッケージでは、採用目標人数に関わらず1年間の契約期間を締結し、広告掲載料480万円を前受金として、入社が一人確定するごとに選考費26万円と法定紹介手数料を成功報酬として受領するという形式となり、以後、株式会社リクルート人材情報センター（1982年に社名変更し、リクルートの冠がつくことになった）の急成長を支えていくことになりました。

当初480万円だった前受金は、年々上昇を続け、スタートから6年後の1987年には780万円にまで高騰します。

しかし、採用成功人数を確約しないまま前受金が上昇していったため、売上は上がるものの、採用できなかった利用企業からの不満は高まります。広告代理店の顔も持っていたため、『就職情報』に求人広告を掲載する期間を延長するサービスなどで対応するものの、やがて事業としての危機に直面する時期が到来します。

徐々に企業から採用目標人数を確約させられ、目標人数に満たなければ、未充足分が次の契約に先送りされる〝借金〟となって残っていくという形式になり、借金が雪だるま式に膨らんでいくことになりました。

すでに1991年の段階で紹介人数が2000人、売上高70億円に達していた規模になっていたため、供給能力以上に売り続ける構造は簡単には変えられずに、5年間以上の長期にわたって現場に矛盾と混乱をもたらし続けました。

そのような中で、ついに1992年には現場の若手マネージャを中心に「抜本プロジェクト」が発足、前金制を維持しようとする経営陣と激論を戦わせつつ、1993年10月に、正式に「成功報酬型」の全面導入が決定されることになりました。

「顧客への債務解消には10年かかる」と言われた難題を一気に解決する方向に舵を切ることになりました。

※「抜本プロジェクト」の初期メンバー…根目澤哲郎氏、澄谷健氏、中島清雅氏、河野晴樹氏、武谷広人氏、竹内薫氏、前原路代氏

企業担当と求職者担当の「分業制」による効率化

株式会社人材情報センターのもうひとつの特徴は、創業当初から、人材紹介の業務を、企業向けのフロントを担当する営業と、求職者対応を専門とするカウンセラーに分けて運用する分業制を導入したことにありました。海外も含めて、当時の人材紹介の標準的な形態は、一人の担当者が求人企業と求職者に接する「両面型」でした。

しかし、当時まだまだベンチャー企業だったリクルートグループは若い人材が大半で、企業向けの営業はできても、経験豊富なベテラン求職者と対峙し、一人一人に合った求人をマッチングする社会経験が不足していました。そのため、上場企業をはじめとする大手企業出身の役員経験者、人事・営業などの部長経験者、技術系の元研究所長など、見識豊富な人材をカウンセラーとして集め、彼らのベテランならではのマッチングを売りにすることで創業期の成長の原動力となりました。

しかし、この分業制も、前述の1980年代の前課金制での急拡大時代がやってくると、受注金額に見合った紹介人数を賄いきれなくなり、紹介不足が常態化し現場の空気は悪化の一途をたどりました。また、親子ほど年齢差のあるカウンセラーと若い営業職との世代格差によるコミュニケーションギャップ問題も顕在化するなど、不協和音は広がっていきました。ついには求職者向けに質の高いマッチングを守ろうとするカウンセラーの「先生」と、求人企業との契約を守るために紹介人数を負い続ける「営業」の間の溝が、事業の健全性を削いでいくことになったのです。

この問題を解決するため、長期にわたり、多様な試行錯誤を繰り返すことになります。当初、カウンセラー組織はエリア別の編成で、一人が全業種・全職種を担当する形態でしたが、当然、いくらベテランカウンセラーでもまったく土地勘のないカテゴリーで適正なマッチングをすることは難しかったため、事務系求人に限定して、営業とカウンセラーを一体化した組織編成や、技術系求人は一人が営業とカウンセラーを行う「両面型」を導入した時期もありました。

また、時代とともに専門性の高いプロフェッショナル求人だけでなく、若手の営業系や事務の募集案件の受注も増大したことで、さらに決定力を圧倒的に高める必要があったこともあり、平均年齢60歳を超えるカウンセラー体制に、大量の20代社員を投入してスピードや紹介人数の壁を超える取り組みにも踏み切りました。

より高い決定力を生み出すために、どのような組織形態が最適なのかという試行錯誤と果てしない議論に終止符を打ったのが、1994年、「分業制で営業は業界別の組織編成とし、カウンセラーは、技術系を業界別組織、事務系は職種別組織として編成とする」というマトリクスの発明でした。この組織モデルを提案したのは、求職者獲得を担当する募集企画課に在籍していた海老原嗣生氏（現・株式会社ニッチモ　代表取締役）。こうしたマッチングプロセスの進化と決定率の向上は、求職者にとって自分に合った企業と出会う機会を大幅に増やすことにつながりました。日本の大手人材紹介会社は分業制となっていて、現在もこの原型を受け継いでいます。

生産性との闘い
〜KPIマネジメントの時代へ

現在、統合されてパーソルキャリア株式会社という社名になっていますが、1989年に設立された株式会社インテリジェンス（宇野康秀氏（代表取締役）、鎌田和彦氏、島田亨氏、前田徹也氏の4名で創業）は、1997年に人材紹介事業を開始、5年後の2002年にはリクルート人材センターの売上の3割超に達する急成長ぶりで、人材紹介事業においてリクルートの最大の競合企業となっていきます。（リクルート人材センターは1989年：リクルートエイブリック、2006年：リクルートエージェント、2012年：リクルートキャリアに社名変更）

株式会社インテリジェンスが人材紹介事業に参入した1997年度のリクルート人材センターの業績は、紹介人数が5567名、売上62億7000万円（前年比31%増）に達するほどの急成長で、伸びしろの高い人材紹介事業分野で、脅威となる競合がいない時代を謳歌していました。

また、時を同じくして、インターネットが登場し、情報流通産業としての側面が、リクルート人材センターの社内でクローズアップされ始めるようになります。

求人情報と求職者情報、求人応募後の進捗状況を営業とカウンセラーがいかにリアルタイムに共有しながらマッチングを進めていくか、ということに生産性向上がかかっていると言っても過言ではありませんでした。

受注件数と登録者が増大し、選考に関わる業務フローも幾何級数的に増加すると、営業やカウンセラーの業務負荷が過大になり、そもそも人間の能力では覚えきれないタスク数が発生し、生産性も限界に達していました。収穫逓減の法則による成長限界が目の前に迫っていたとも言えます。

必然的に手書きのファイルで一つ一つの選考状況を管理していた時代は終わりを告げ、1994年に代表取締役に就任した岡崎坦氏の指揮のもと1995年以降は業務管理システムが登場、1999年には『カリブ』という名称の人材紹介の業務管理システムの原型が誕生しました。組織構成の試行錯誤とともに、その後も多数の改修が加えられ、さらにインフラ強化のための再構築などを経て、生産性を最大化する原動力となり現在に至り

■人材紹介の業務フロー全体図

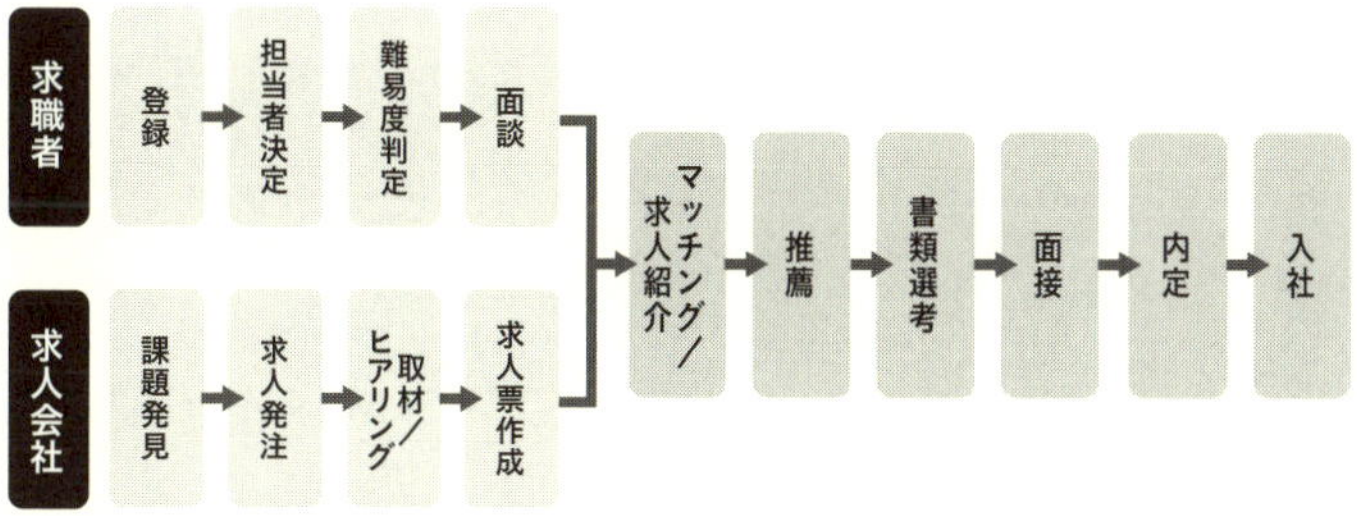

ます。

また、２０００年以降、求人依頼と求職者登録から入社に至る業務プロセスが徹底的に可視化され、『行動メジャーメントシート』が導入され、業務フローの標準化とＫＰＩ管理が進みました。

また、新鮮な求人と登録したばかりの新規求職者のマッチング率の高さに着目し、『ＨＯＴｔｏＨＯＴ戦略』などを徹底していくことでオペレーションがさらに磨かれていきます。

さらに、カウンセラーとの面談日程設定を担当する『エントリーセンター』導入や、決定率に大きな影響を及ぼす求人票の情報精度を管理する『ＱＱＣ（求人票クオリティコントロール室）』の創設など、複雑多岐にわたる業務フロー全体をミクロ視点で生産性を極める動きが奏功し、２００７年度には、求職者登録から入社に至る率を業界標準の６・６％に対して2倍の13・１％にまで高め、究極的に筋肉質な組織運営を確立するに至りました。

この流れは、リーマンショックによる開発予算縮小など、一時的に中断する時代はありながらもとどまることなく、２０１０年以降は、ビッグデータやＡＩの活用で、さらに適材適所マッチングの実現に向けた進化につながっていきます。

人材派遣事業の台頭

正社員の中途採用領域の歴史をまとめる中で、人材紹介事業（有料職業紹介）に隣接する、人材派遣業界（労働者派遣）の変遷についても少し触れておきたいと思います。

厚生労働省の「労働者派遣事業報告書」によると、平成29年度で、176万人もの人が、71万件の派遣求人で働き、6兆4995億円という規模にまで拡大した人材派遣サービスは、雇用市場において大きな影響力を持つ存在となっています。

人材派遣の歴史をたどると、このビジネスモデルも、元々は1948年のアメリカに源流があります。エルマー・ウィンターとアレン・シャインフェルドという2人の弁護士が「必要なときに、必要な人を、必要な期間だけ派遣する」というサービスを提供するべく、創業した会社がマンパワー社です。

この画期的な「人材派遣サービス」は、多くの企業のニーズにヒットし、急激に広がり、8年後の1956年にはカナダにも進出することになりました。

1950年代以降、マンパワーと同様のサービスを提供する企業が増え始め「人材派遣サービス」が一つの産業として確立していくことになりました。

日本における広義の人材派遣サービスは、人手を送り込む形態で、明治時代から存在していたものの過剰な中間搾取や劣悪な労働環境が問題視され、厳しく規制されてきた経緯がありました。1966年には、上記のマンパワーグループが日本には進出した時代を起点に、さらに法整備が進められることになります。

1985年には労働者派遣法が制定され、専門的な13業務（ソフトウェア開発、事務用機器操作、通訳・翻訳・速記、秘書、ファイリング、調査、財務処理、取引文書作成、デモンストレーション、添乗、建設物清掃、建築設備運転・点検・整備、案内・受付・駐車場管理等）を限定として、公式に人材派遣事業が可能となりました。

1990年代にはバブル崩壊に伴い、企業が固定費を抑制するために正社員から派遣社員に切り替え、雇用するリスクを軽減する流れを支援するように規制緩和が進みます。

1996年に専門的な26業務にまで派遣が可能な職域が拡大。

1999年には港湾運送・製造業・警備・医療・建築を除いて、派遣できる業種が事実上自由化されます。さらに2000年に紹介予定派遣が解禁、2004年には専門業務の派遣期間制限が撤廃されるなど、人材紹介・派遣を取り巻く環境は日進月歩で広がっていきました。

しかし、2008年のリーマンショックを機に、偽装請負問題・派遣切りといった問題が起きたことで、規制緩和が揺り戻される形になってきました。

2012年の労働者派遣法の改正では、日雇い派遣の禁止や、元勤務先には離職後1年以内は派遣が禁じられる等、現在は再び規制を強化する方向にシフトしています。また、2015年にはさらに働き手の処遇改善に向けて法整備が強化されます。

人材ビジネスの中でも、特に人材派遣は、法規制の歴史と言ってもいいかもしれません。人材派遣の近代史の流れを次にまとめてみました。

1966年　マンパワー・ジャパン設立

それまで外資系企業を中心としたサービスだった人材派遣が、国内の商社や銀行などにも波及し、日本における人材派遣市場が生まれました。

1973年　テンプスタッフ（現・パーソルグループ）設立

篠原欣子氏が国内で初めて人材派遣会社を設立。資本100万円、外資系企業に飛び込み営業にいくなど、認知度のないベンチャー企業経営者・篠原氏は徒手空拳で事業を立ち上げます。

1986年　労働派遣法施行

派遣サービスが社会に徐々に広がる中で、法律の整備がなされていないことが課題として大きくなり始めました。さらに拡大が予想される派遣事業の適正化を目的に、1986年に労働者派遣法が施行されました。このタイミングで、これまでは規制の対象ですらなかった派遣事業が許可事業として生まれ変わることになりました。

当時の法律は労働者の保護が主眼となっており、専門的な13業務のみが許可されるという非常に限定的なものでした。企業から募集ニーズの高かった一般事務などのオフィス業務は許可対象外であったため、他の専門業務と抱き合わせという名目で派遣されることが多かったようです。

1996年　労働派遣法、対象業務拡大

バブル崩壊後、人件費を固定費から変動費に転換していきたいという企業の要請を受けて、さらに緩和が進むことになりました。

1999年　労働派遣法の対象業務を原則自由化

一部の禁止業務を除いて自由化されることになりました。

2004年　労働派遣法、製造業務への派遣解禁

禁止されていた製造業まで派遣が解禁されるなど、大幅な緩和が行われました。また、派遣期間の延長なども併せて行われました。

2008年　リーマン・ショック

派遣切りや雇い止めによって多くの人が職を失ったことがきっかけで、非正規雇用で雇用される人の権利についての問題が顕在化。人材派遣という業態に問題があるという指摘が集まり、一転して規制強化方向の流れになります。

2012年　改正派遣法施行　日雇い派遣の禁止など

日雇派遣の原則禁止、グループ派遣の禁止、離職者の規制、派遣労働者の保護・待遇改善強化（無期雇用への転換推進措置の努力義務化等）などが制定されました。

2015年　派遣法さらなる改正

26業務を廃止し「事業所単位」「個人単位」で期間制限をする制度への変更、派遣業者は全て「許可制」、派遣労働者のキャリアアップ・処遇改善の強化など、実務面で大きな影響を与える改正となりました。

1986年の労働者派遣法の施行から30年以上の歴史の中で、日本の雇用市場における労働者派遣事業の存在感は確実に高まりました。データサイエンティストやAI技術者など超高付加価値領域で、円滑な副業をサポートする、というケースも増えています。また、隣接する有料職業紹介事業との垣根も今後さらに低くなっていく可能性は高く、働き方の多様化や生産性向上を実現していく上で、今後、さらに重要な役割を担っていくことになると考えています。

第3章

リクルーティングビジネスにおけるビジネスモデル変遷

リクルーティングビジネスにおけるビジネスモデルの変遷

ここまでリクルーティングビジネスの歴史について述べてきましたが、第3章では、リクルーティングビジネスが歴史の中で、どのような提供価値、軸を持ち込んで、ビジネスが変化してきたかを、別の目線で時代を遡ってみていきたいと思います。

リクルーティングビジネスの構造

リクルーティングビジネスの構造は、基本的に図3－1で示したようなリボン図モデルとなります。リボン図モデルとは、端的に言うと求職者、企業両方に対して、それぞれニーズを喚起し、プラットフォームに集め、その双方をマッチングするモデルです。このリ

■3-1. リクルーティングビジネスのリボン図モデル

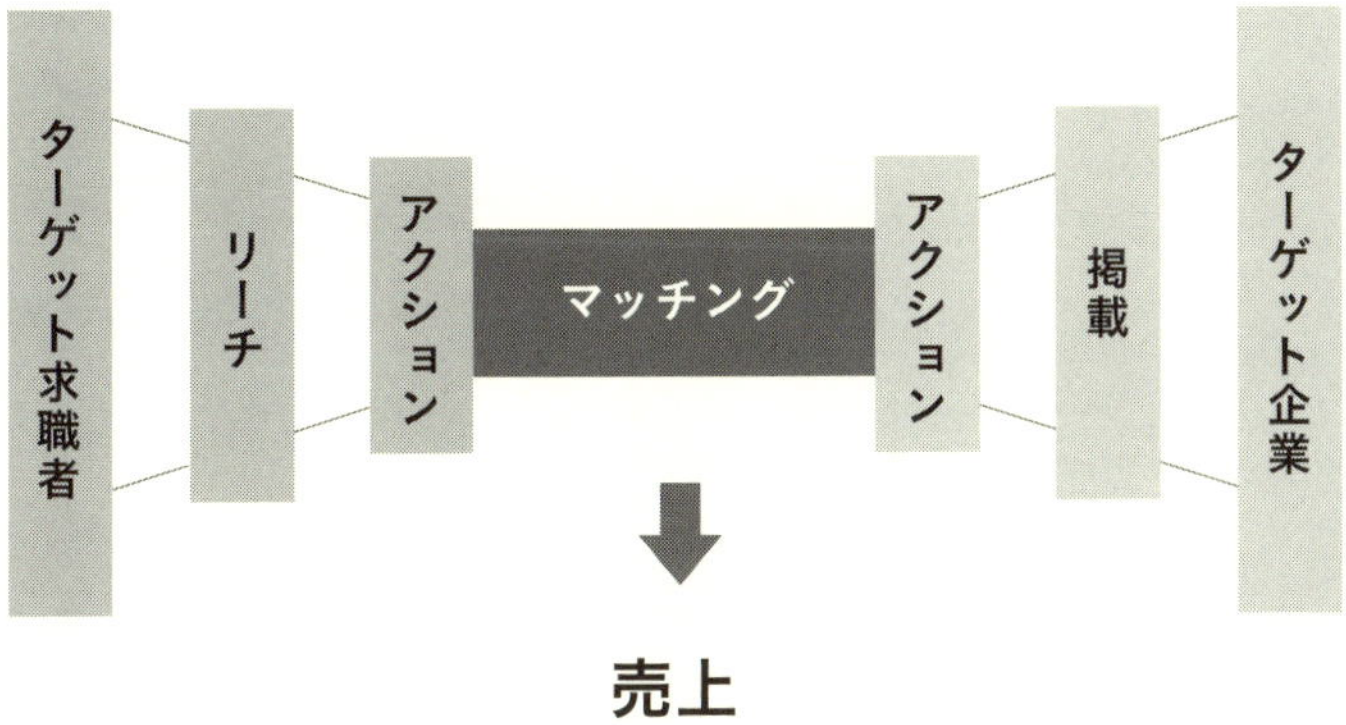

ボン図モデルの構造において、成果を上げるためには「求職者価値向上」「企業価値向上」を考え、付加価値を提供していくことが必要となります。言い換えると、価値向上のために新しいサービスの軸を持ち込んで、業界を変えてきたというのが、ビジネスモデル変遷の歴史です。

各年代におけるリクルーティングビジネスの変遷を整理していくことで、なぜ、このようなビジネスモデルが生まれてきたのかという歴史を見ていきたいと思います。

ビジネスモデルの歴史的変遷

①1970年以前のビジネスモデル

1970年以前のリクルーティングビジネスにおけるビジネスモデルを図3-2で示しました。

1970年以前は求人広告の黎明期であり、元々、会社や店の入り口、学校等に求人の貼り紙を掲示するなど、無料の求人掲示しかなかった時代に、有料で、新聞・チラシに求人広告を掲載するというビジネスモデルが、求人広告の始まりです。

特徴としては、今まではその掲示物の目の前を通る少数の人しかリーチ出来なかったのに対し、新聞・チラシに求人掲載することで、不特定多数の人にリーチすることができるようになりました。つまり、採用したい企業にとって、求人広告を多くの人に見てもらいたいというニーズに応えた企業価値向上の軸を持ち込んだことになります。

一方、人材紹介ですが、元々あった対面サービスはハローワーク（職安）です。日本は世界的に見ても、公的機関経由の転職が大きい国で、昔も、今も健在です。

■3－2. 1970年以前のビジネスモデル

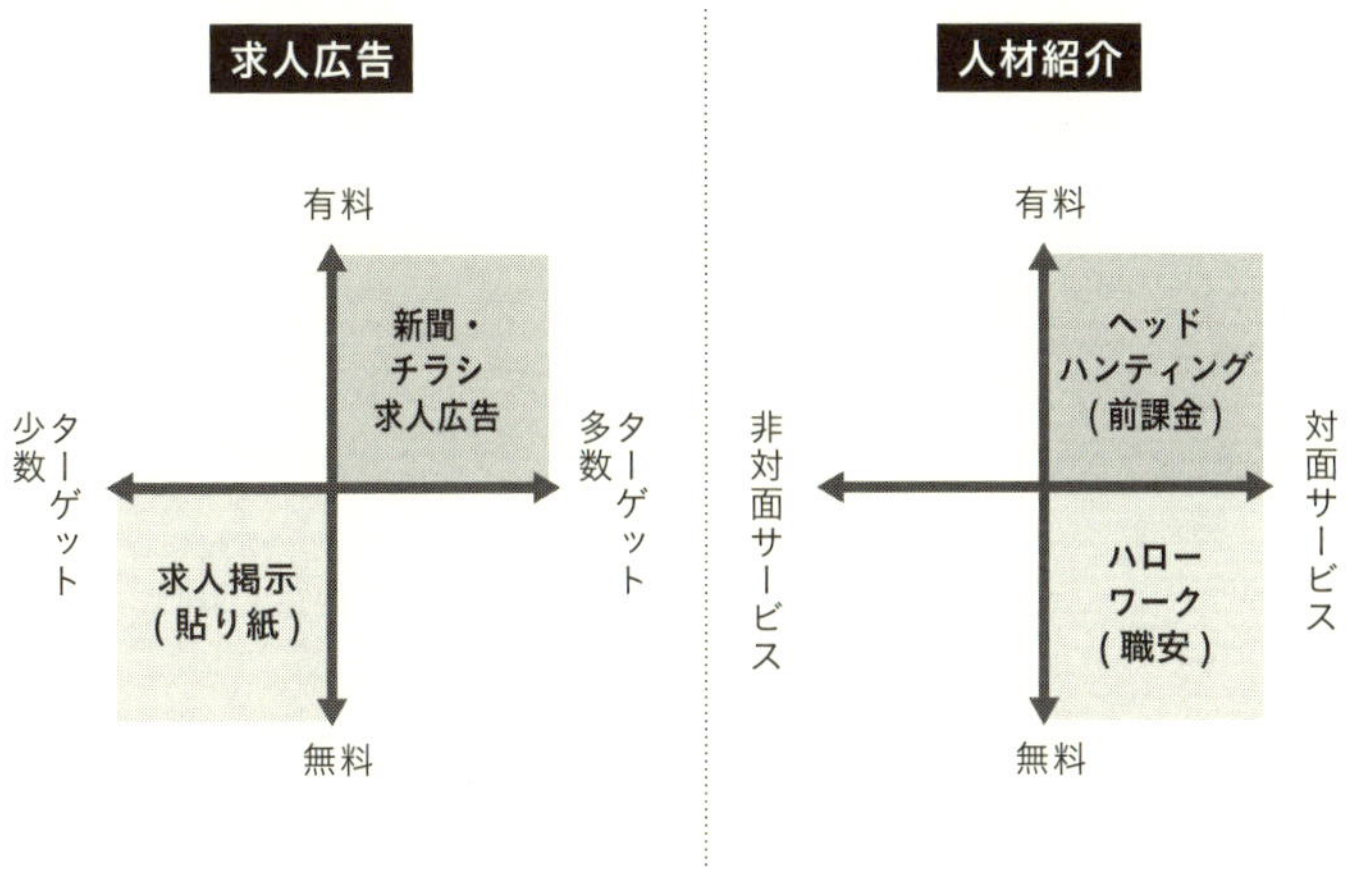

それに対して、有料で対面サービスを始めたのが人材紹介で、日本における最初の人材紹介会社はケンブリッジリサーチ研究所で、1962年の設立となります。この時代の人材紹介はヘッドハンティング型であり、料金を企業から先に頂いた上で、転職意向に関係なく、エージェントが能動的に声を掛けてスカウトし、人材を紹介する前課金モデルです。

人材紹介は人が介在して、より企業にフィットしたいい人材を紹介することで、結果として、効率よく、採用できるサービスであることが企業価値向上となりました。

②1970年代のビジネスモデル

1970年代のリクルーティングビジネスにおけるビジネスモデルを図3－3で示しまし

■3-3. 1970年代のビジネスモデル

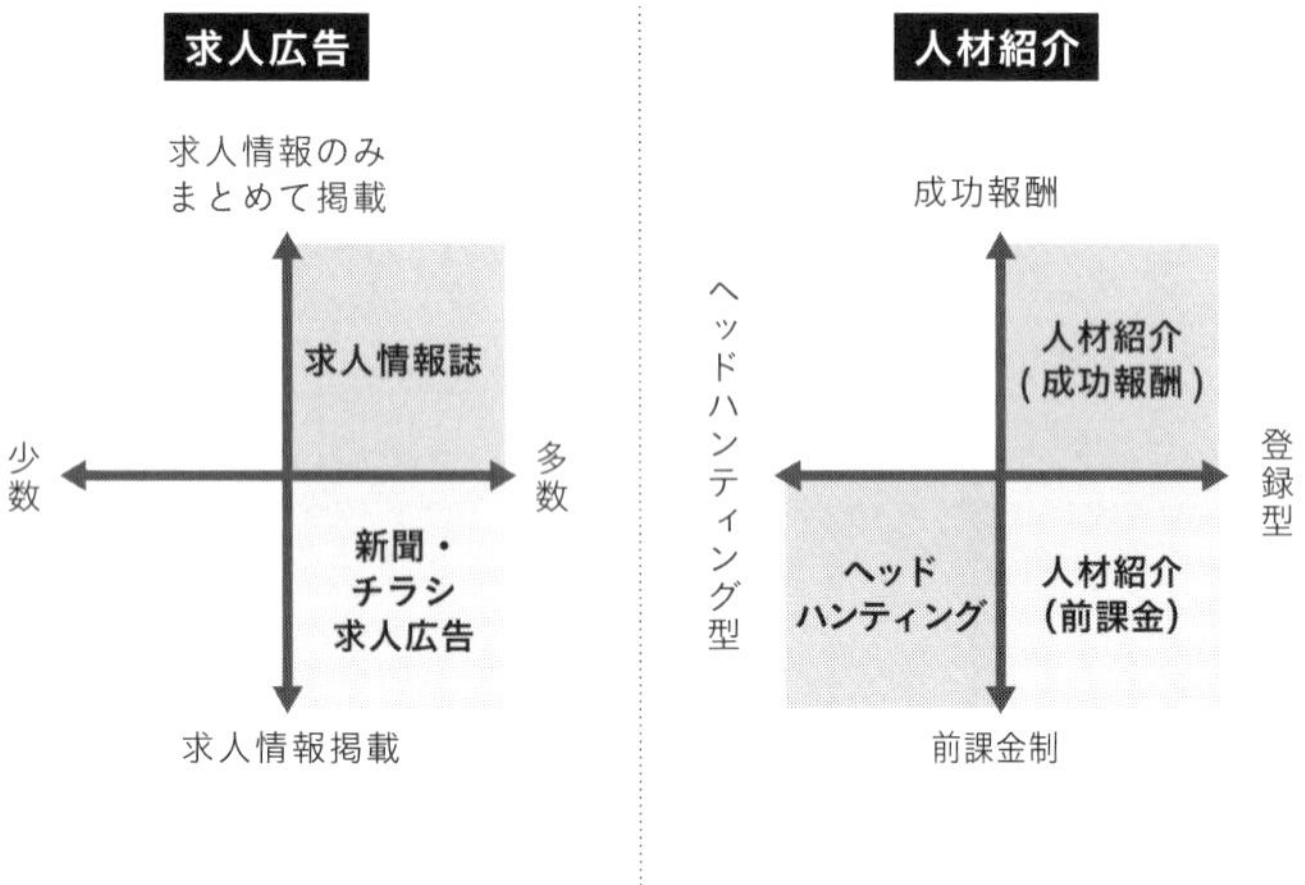

た。

1970年代の求人広告では、求人情報のみを集約した求人情報誌が登場しました。

新卒採用においては、1962年にリクルートが創刊した『企業への招待』が最初ですが、転職情報誌としては1975年創刊の『就職情報』が初めてとなります。

今までの新聞・チラシの求人広告は見る人が不特定多数だったのに対して、求人情報誌は求人という限定された情報のみを掲載するものであり、転職しようと考えている人にしっかりとリーチ出来るという企業価値向上と、転職したい人にとって、集約された情報を見ることが出来るという点で求職者価値も向上したビジネスモデルとなります。

人材紹介においてですが、この頃に日本進出した外資系企業は1964年にスイスで設立されたエゴンゼンダーで、日本には1972年に進出しています。

ヘッドハンティング型のこのモデルは企業の経営者含む経営幹部採用において、転職市場にいない優秀な人材を採用したいというニーズに応えた企業価値向上サービスとなります。

このようなヘッドハンティング型は前課金、登録型の人材紹介は成功報酬のモデルでのすみ分けされていました。

そんな中、1977年には株式会社人材情報センター（現リクルートキャリア）が設立され、登録型の人材紹介を、前課金で行うモデルがスタートしました。

③1980年代のビジネスモデル

1980年代のリクルーティングビジネスにおけるビジネスモデルを図3－4で示します。

1980年代のリクルーティングビジネスは求人広告の変化メインで展開していきます。

今までの新聞・チラシの求人広告も求人情報誌も、総合的に情報が掲載されていたのに

■3-4. 1980年代のビジネスモデル

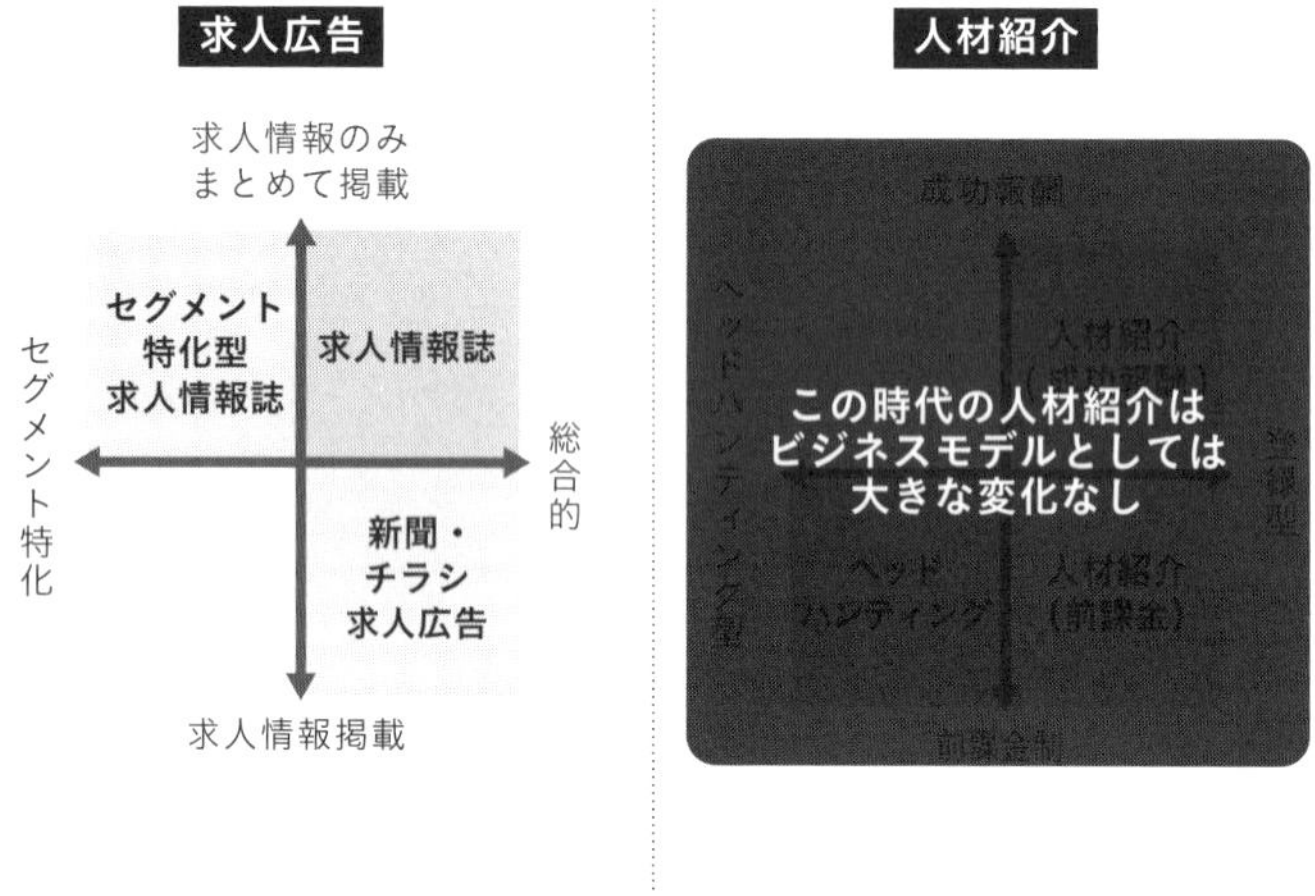

対し、業界特化や女性向けなどのセグメント特化型求人情報誌が登場しました。1980年にリクルートが女性向け求人情報誌『とらばーゆ』、1982年に技術者向け求人情報誌『ベルーフ』が創刊されています。ちなみに今回はスコープ外ですが、1967年、アルバイト求人を専門にしたメディアとして、学生援護会（現・パーソルキャリア）が首都圏で『アルバイトニュース速報』を創刊されており、この時期にセグメント特化型求人情報誌が増えていったことが伺えます。

セグメント特化型求人情報誌は、市場が大きくなるにつれてマッチングの非効率が生まれることに対し、より細分化したセグメントの求人情報をまとめることで、企業にとっては、よりターゲットの求職者にリーチが出来ること、求職者にとってはより集約された密度の濃い求人情報が見れるようになり、結果として精度の高いマッチングを可能としています。

１９８０年代の人材紹介はビジネスモデルとしては大きな変化はありませんでした。背景としては、人材紹介における前課金制が壁にぶつかっており、先に料金をもらったものの決定が出せなかったり、そもそもご紹介ができないといったことが増えていき、ニーズが拡大していくにつれて負の遺産を抱えるようになっていきました。

④1990年代のビジネスモデル

１９９０年代のリクルーティングビジネスにおけるビジネスモデルを図３－５で示します。

１９９０年代には現在、中心となっているビジネスモデルが生まれてきます。求人広告においては、１９９６年に求人情報誌だったB-ingがＷｅｂ化し、デジタルB-ingとしてサービス開始しました。それに伴い、以後、紙媒体の求人情報誌は役割を終え、２０００年代後半に徐々に廃刊していきます。Ｗｅｂ化により、今までは求人情報誌を買わなければいけなかったのに対し、閲覧が無料になり、情報の検索性も大きく向上したことにより、掲載できる案件も大幅に拡充し、求職者価値が向上しました。

■3-5. 1990年代のビジネスモデル

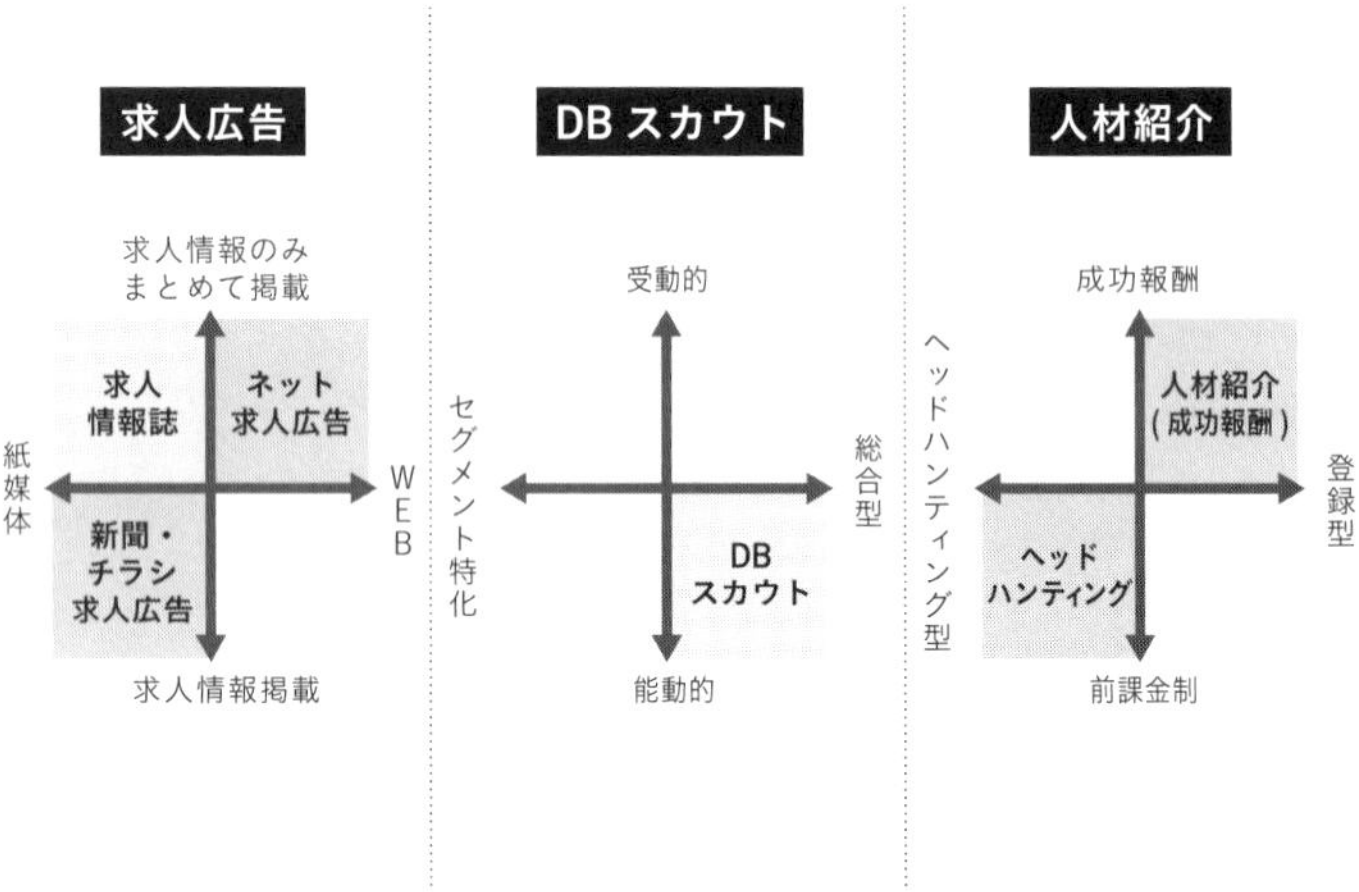

人材紹介においても、今に繋がる大きな転換期を迎えます。

リクルートがこれまでの課題だった前課金制を改め、1993年に成功報酬型に変更を行いました。それまで前課金制で料金を先にお預かりしながらも、期待に応えることが出来てない分については、一旦返金し、負の遺産を相殺し、まさにゼロからのスタートとなりました。これはまさに企業価値向上施策であり、この後、人材紹介は大きく市場を伸ばしていくことになります。

また、1997年リクルートよりSim-Careerという企業からダイレクトに求職者にスカウトメールを送れるデータベース（以下、DB）スカウトモデルが始まっています。このビジネスモデルは今までの求人広告や人材紹介が、応募が来るのを待つという待ちの採用手法だったのに対し、ＤＢにいるターゲット候補者に対して、企業側からスカウトメールを送るという形で、直接アプローチするモデルで、これにより、待ちではなく、能動的にアプローチする攻めの採用が出来るようになりました。

⑤ 2000年代のビジネスモデル

2000年代のリクルーティングビジネスにおけるビジネスモデルを図3－6で示します。

2000年代は90年代のエポックメイキングな変化を受け、安定、成長していった時代でした。求人広告については、いくつかの変化を遂げています。

一つがセグメント特化型の方向性であり、1980年代の求人情報誌同様に、セグメント特化型求人情報サイトが次々に生まれています。

もう一つが成功報酬型求人広告の登場です。これは従来のネット求人広告が前課金制で、料金を払っても、確実に採用出来るわけではないという費用リスクがあるというデメリットをクリアしたビジネスモデルとなります。

■3−6. 2000年代のビジネスモデル

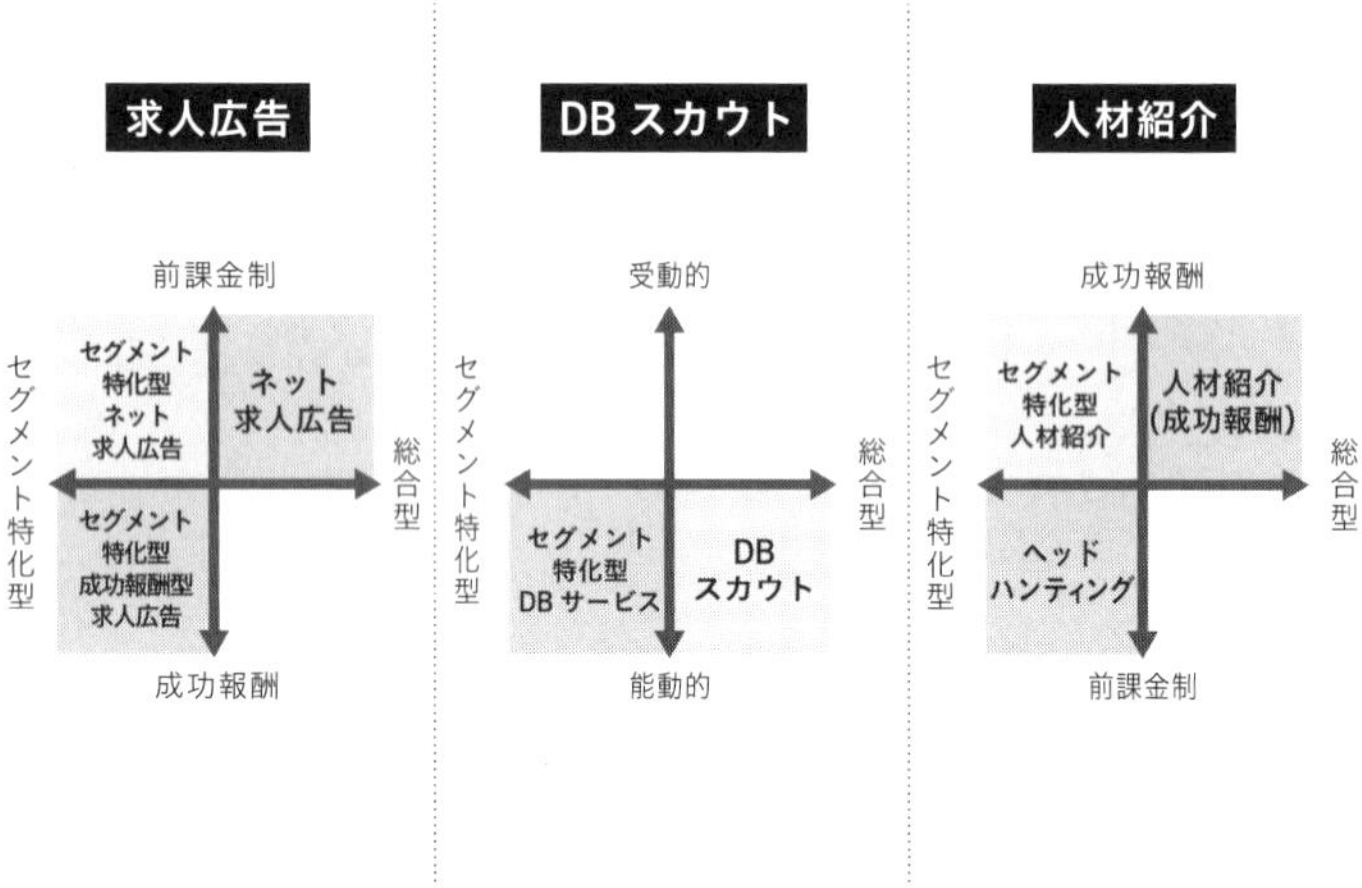

また、DBスカウトモデルは求人広告の登録会員に向けた派生サービスとして生まれてきましたが、2007年に設立されたビズリーチは、エグゼクティブに特化したDBを1から作り、このビジネスモデルにおいて業界に存在感を示すようになってきました。

この時期より、いろいろな求人広告サイトが、企業やエージェントにDBを開放しはじめ、このDBスカウトモデルが伸びていきました。

人材紹介については、1999年の改正職業安定法の施行により、民間の有料職業紹介事業が原則自由化され、ここから一気に市場は拡大していきます。

人材紹介は求人広告とはビジネスモデルが大きく異なり、小資本でも参入できる参入障壁の低い業界のため、このタイミングからセグメント特化型人材紹介が増えていき、求人広告よりも狭い括りで特化されているのが特徴です。

エグゼクティブや第二新卒のようにレイヤーで切ったもの、職種特化型、業界特化型、女性特化型など様々なセグメント特化型人材紹介が登場しました。

これにより、より専門特化した情報提供や深い企業理解をすることができるようになるなど、企業にとっても、求職者にとっても価値向上が図られました。

２００１年にエグゼクティブ特化型のリクルートエグゼクティブエージェント、２００３年には医療・介護人材特化型のエス・エム・エスが設立されています。

⑥2010年代のビジネスモデル

２０１０年代のリクルーティングビジネスにおけるビジネスモデルを図３－７で示します。

２０１０年代については、まだ途中ではありますが、変化の兆しが見えてきています。

一つはビジネスＳＮＳやＳＮＳ拡散型求人ＰＲサイトなど、ソーシャルリクルーティングサービスが出始めてきました。求人広告であれ、人材紹介であれ、従来のビジネスモデルは転職顕在層、つまり転職したい人と採用したい企業をマッチングするサービスでした

■3-7. 2010年代のビジネスモデル

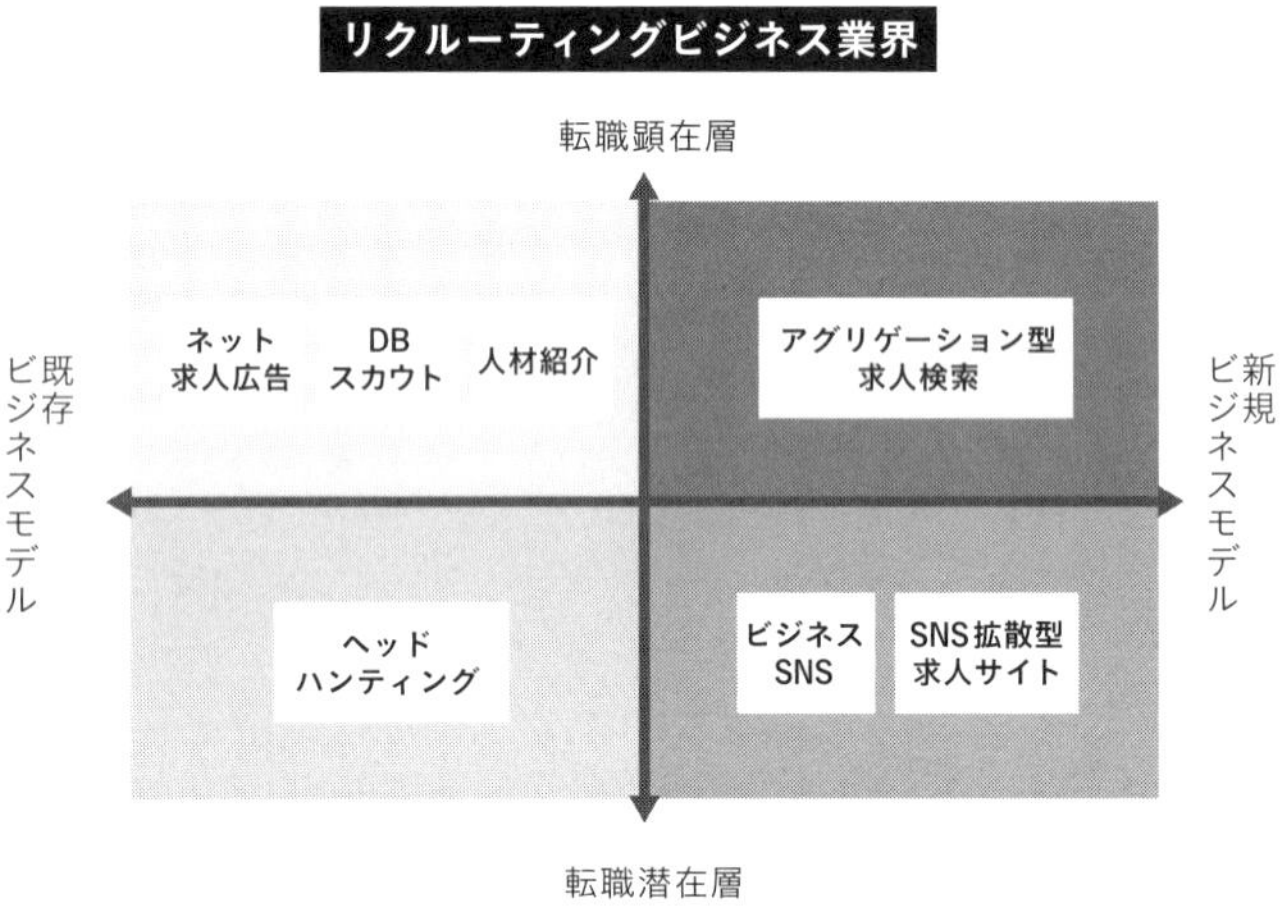

が、特徴はソーシャルのつながりを利用して、転職潜在層にアプローチしているところとなります。

これは今までのビジネスモデルの概念を大きく変えるアプローチと言えます。

もちろん、ビジネスSNSに限らず、FacebookやTwitterなどのソーシャルネットワークの急激な発展も大きな影響を及ぼしています。また、テクノロジーベースのモデルであり、営業リソースなどは多く要していなかったり、SaaSモデルでサービスを提供するなど、既存リクルーティングサービスとは全く異なる料金体系を提示することが可能となっています。

2010年代もう一つの大きな変化は、アグリゲーション型求人検索エンジンの登場です。

これはアメリカのindeedが始めたサービスであり、2019年にはGoogleが「Googleしごと検索」というサービス名で日本においてもサービス開始しております。

これはインターネット上のありとあらゆる求人情報をクローリングしてきて、サイトにまとめて掲載するサービスで、求職者にとって、ワンストップで最大の求人情報を見ることが出来る点で画期的です。indeedの設立は2004年ですが、日本への進出は2009年、本格的にサービスが展開し始めたのは、2012年にリクルートがindeedを買収したところからといえます。

リクルーティングビジネスの歴史的変遷

このようにリクルーティングビジネスのビジネスモデルの歴史的変遷を整理してきました。ここからわかることは、企業は「企業価値」「求職者価値」の向上に向けて、業界に新しい競争軸を持ち込み、新しいビジネスモデルを作ってきたということです。

また、大きな傾向として、求人広告においては、求職者提供価値を向上させ、求職者がより多く集まるプラットフォームにしていくことを追求した歴史であり、人材紹介は企業

■3－8. リクルーティングビジネスにおけるビジネスモデルの歴史的変遷

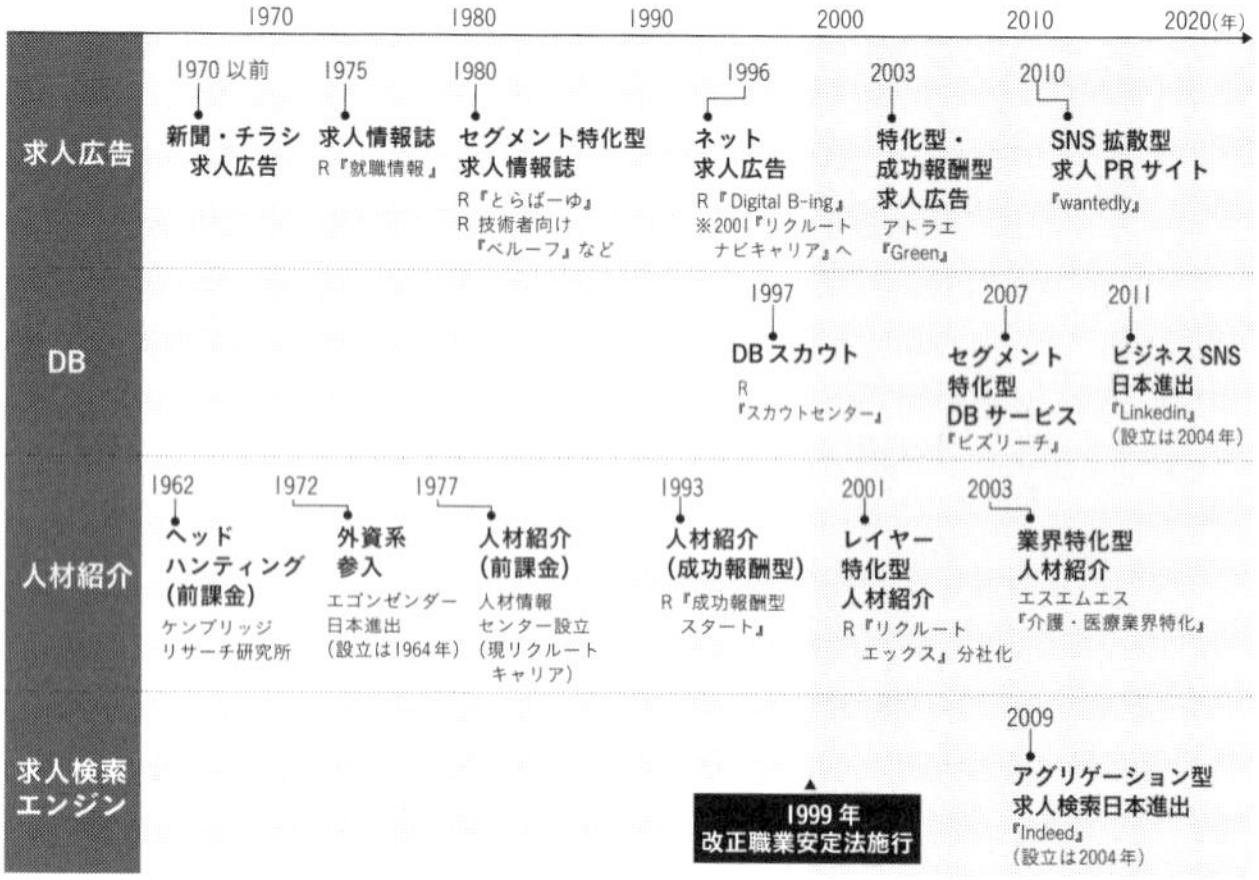

価値向上に力点を置き、企業の課題や不満に対して、丁寧にクリアしてきた歴史と言えます。

この章のまとめとして、リクルーティングビジネスにおけるビジネスモデルの歴史的変遷を図3－8に示しておきます。

リクルーティングビジネスの業界全体像

リクルーティングビジネス市場について

ここで、現在のリクルーティングビジネス市場について整理していきます。ここまで論じてきた通り、リクルーティングビジネスにおける二大ビジネスモデルはネット求人広告と「人材紹介」となります。

矢野経済研究所『2018年版人材ビジネスの現状と展望』によると、ネット転職情報サービス（本書では「ネット求人広告」と表現しています）の2017年度市場規模は1020億円、また、人材紹介業（ホワイトカラー）の2017年度市場規模は2570億円となります。図3－9、3－10はネット転職情報サービス、人材紹介業における市場規

■3－9. ネット転職情報サービス市場規模推移

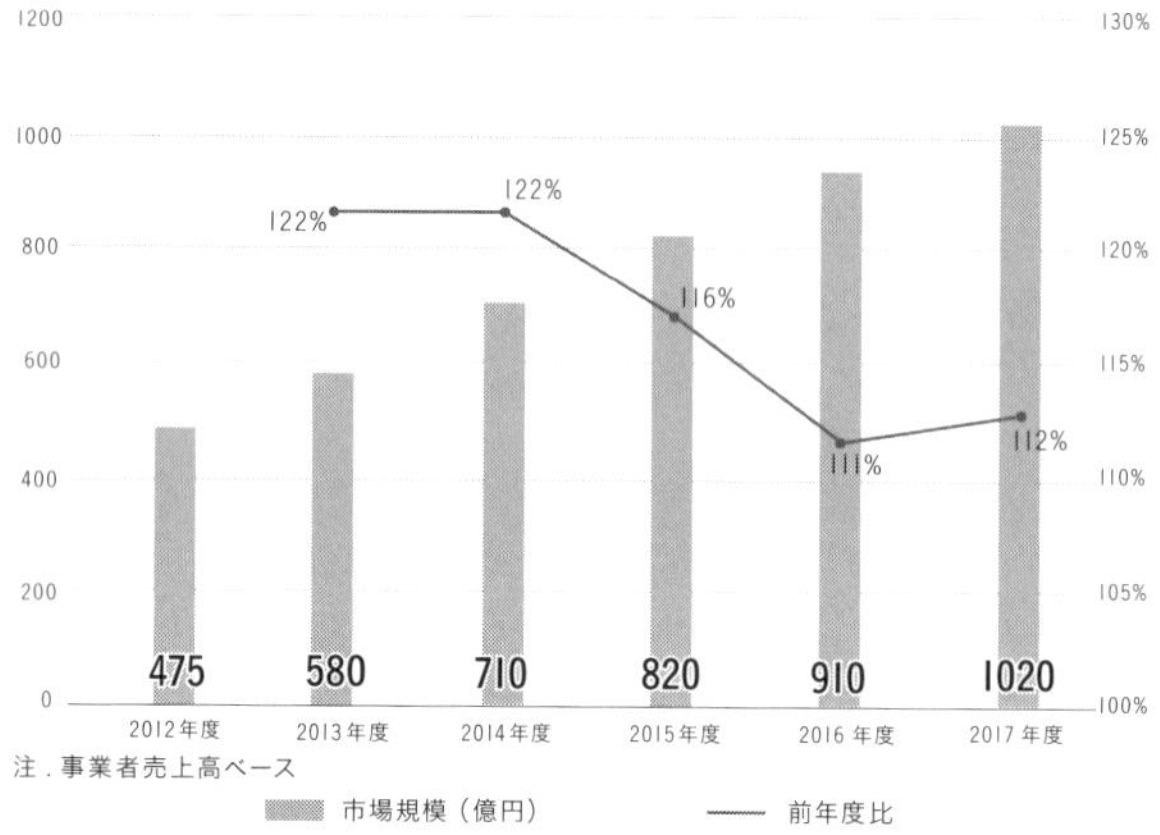

（出所）株式会社矢野経済研究所「2018年版人材ビジネスの現状と展望」

■3－10. 人材紹介業市場規模推移

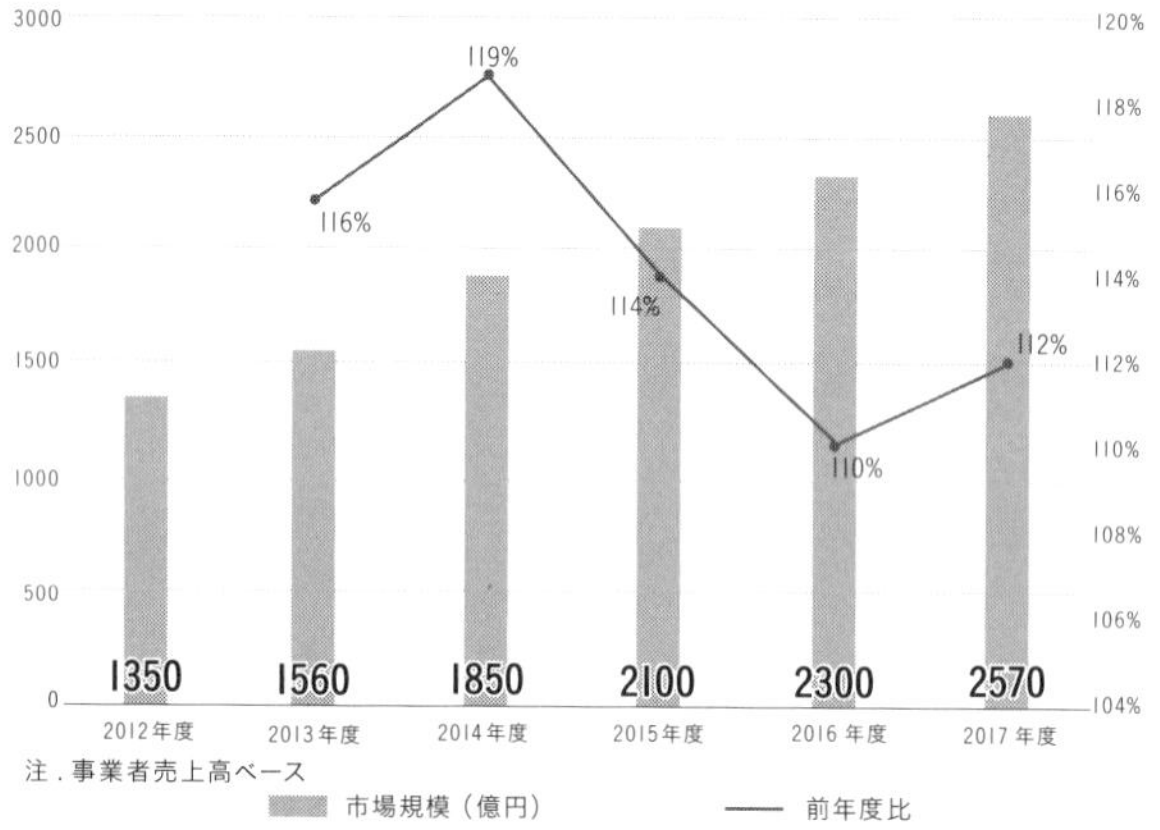

（出所）株式会社矢野経済研究所「2018年版人材ビジネスの現状と展望」

■3-11. リクルーティングビジネスのビジネスモデルMAP

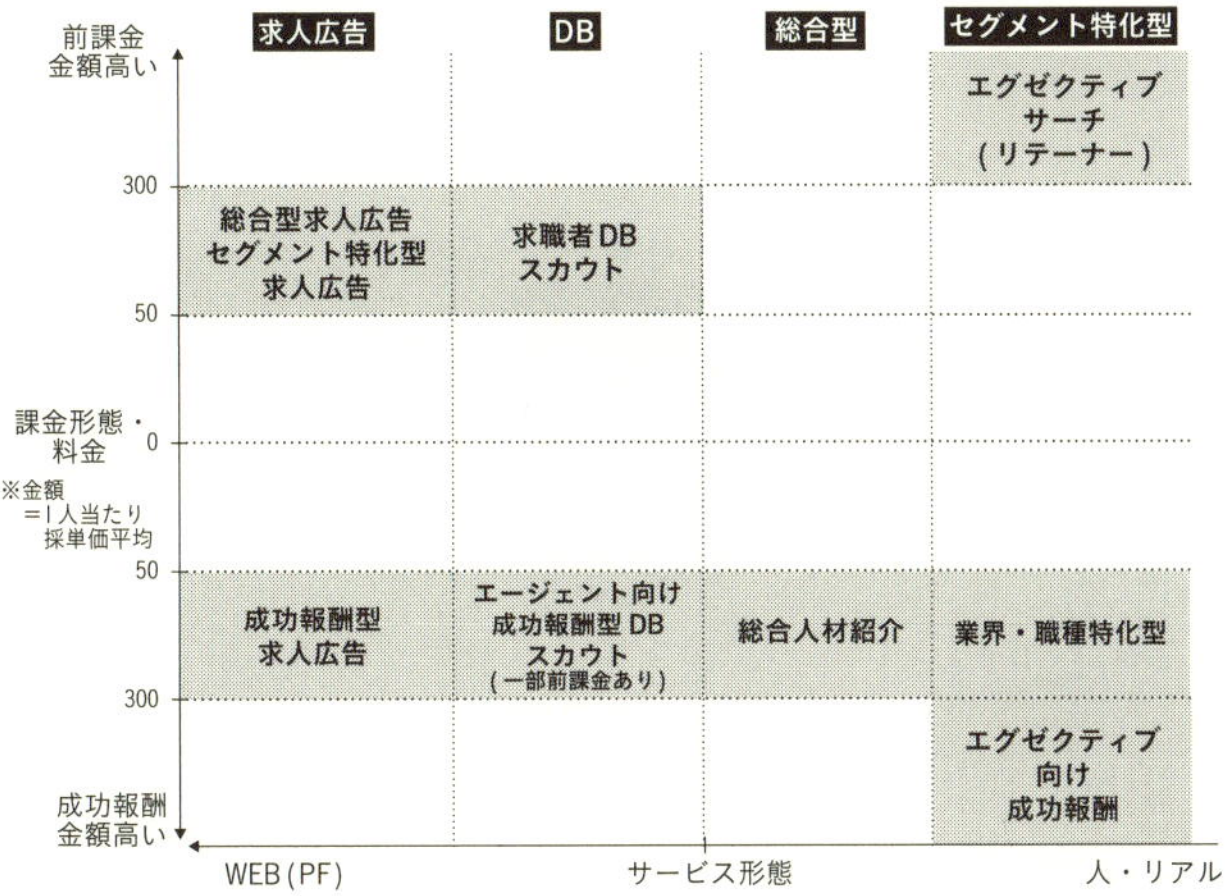

模推移を示したものになりますが、図からわかる通り、ネット転職情報サービスは直近6年で市場規模が約2・1倍、人材紹介は約1・9倍とともに大きく成長しています。

リーマンショックによりリクルーティングビジネスの市場規模が一時期大幅に縮小したこともあり、その反動で伸び率が高いことに起因しますが、市場規模としてはリーマンショック以前のピークを超えて、さらに伸びてきているという状況です。

リクルーティングビジネスにおけるビジネスモデルMAP

リクルーティングビジネスの業界全体像を整

■3-12. ネット求人広告（総合/特化型）のビジネスモデル

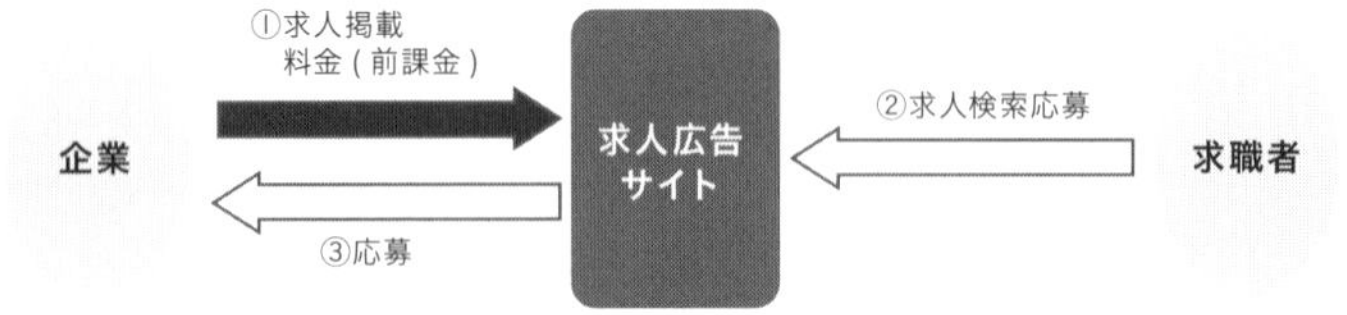

理する際の軸は「課金形態・金額」と「Ｗｅｂのプラットフォームなのか、人が介在するのかというサービス形態」と置いたうえで、既存のネット求人広告、人材紹介の中のビジネスモデルをプロットしたものが、図３－11となります。

このビジネスモデルＭＡＰについて、以下、詳細説明していきます。

ネット求人広告のビジネスモデル

①ネット求人広告（総合型／セグメント特化型）のビジネスモデル

ネット求人広告のビジネスモデルを示したのが図３－12となります。

ネット求人広告のビジネスモデルはシンプルで、企業が求人広告サイトに前課金で掲載料を支払い、求人を掲載します。その求人を閲覧した求職者が直接応募してきて、面接等の選考の後、採用するというフローになります。

ネット求人広告は採用における伝統的手法であり、大手求人広告メディアはブランド力があるため、応募者が集まりやすくなっています。また、一求人掲載あたりの料金なので、単一職種複数名、大量採用には適しており、その場合、費用対効果が高くなる傾向があります。一方デメリットは、あくまで応募を集める広告のため、応募者の質については担保できず、蓋を開けるまでわからないところがあり、仮に一名も採用できなかった場合、料金が掛け捨てになってしまう費用リスクが発生してしまいます。

転職サイトはネットワーク効果が効くプラットフォームビジネスなので、リボン図モデルの両端である求職者、企業の量を増やすことが必要になります。

つまり、このビジネスをやっていくには資本力が必要であり、後発で入り、上位ポジショニングを取るのが難しくなっています。

■3－13. 成功報酬型求人広告のビジネスモデル

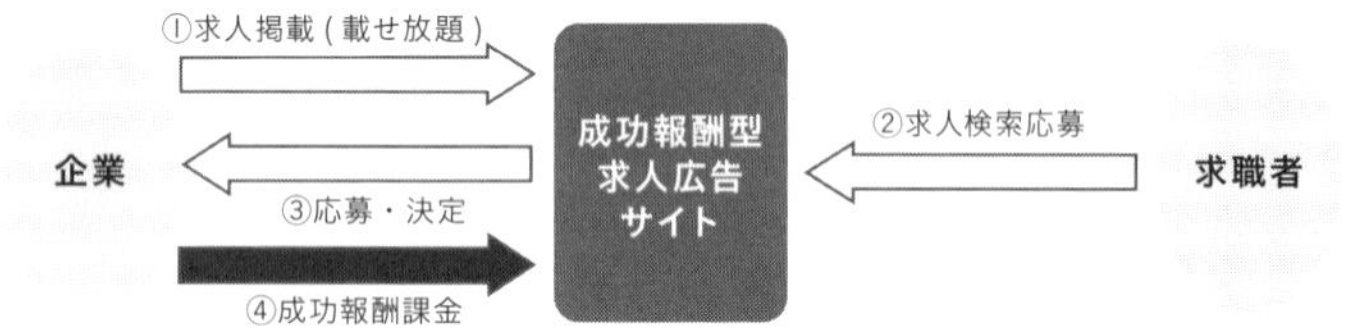

②成功報酬型求人広告のビジネスモデル

成功報酬型求人広告のビジネスモデルを示したのが図3－13になります。

ネット求人広告の「前課金で料金を払っても、いい人材を採用出来るか分からない」という課題をクリアにしたものが、成功報酬型求人広告となります。上記ビジネスモデルの通り、企業は求人広告を自由の掲載することが出来ます。その求人を見て、応募してくれた候補者を選考し、採用出来たら成功報酬で、固定で70万円程度支払うというフローです。採用する企業側からすると費用の掛け捨てリスクがなく、成功報酬の金額も人材紹介に比べれば安いモデルであるため、使いやすいサービスになっています。一方で、成功報酬型になるため、開発、運用、営業など先に費用が掛かるのに対して、ビジネス

■３−14．求職者ＤＢスカウトのビジネスモデル

としては課金までの道のりは遠く、難易度は高いので、プレイヤーは多くありません。このビジネスモデルの主なプレイヤーはアトラエのGreen、リブセンスの転職ナビなどになります。

③求職者ＤＢスカウトのビジネスモデル

求職者ＤＢスカウトのビジネスモデルを示したのが図３−14となります。

求職者ＤＢスカウトのビジネスモデルは、求職者が会員登録しているＤＢに対して、企業が前課金で料金を払い、ＤＢを検索し、ターゲットにフィットした人材に直接、スカウトメールを打つことができるというモデルです。

従来のネット求人広告が求人広告を出しても、どんな候補者が来るかわからなかったり、待つしかなかったところに対して、企業側からター

ゲットの候補者に直接アプローチが出来るので、応募者の量ではなく、質を上げたいというニーズに応えるビジネスモデルとなります。

このモデルのデメリットは、企業側の負荷が大きいことであり、DBを検索して、候補者を選んで、メールを作って、送るという作業をまとまった数行うのは、地味ですが非常に負荷の掛かる作業であり、忙しい人事がコンスタントに行うのはなかなかハードルが高いです。

また、昨今、返信率も低く、無駄骨に終わってしまう可能性も高く、どのように使いこなしていくかがカギとなります。

このモデルのプレイヤーはネット求人広告を運営している会社が会員DBを利用してのサービス展開をしているところがほとんどですが、ビズリーチの様に新たにDBを作るところから参入した会社もあります。

④エージェント向け成功報酬型DBスカウトのビジネスモデル

エージェント向け成功報酬型DBスカウトのビジネスモデルを示したのが図3－15になります。

■3-15. エージェント向け成功報酬型ＤＢスカウトのビジネスモデル

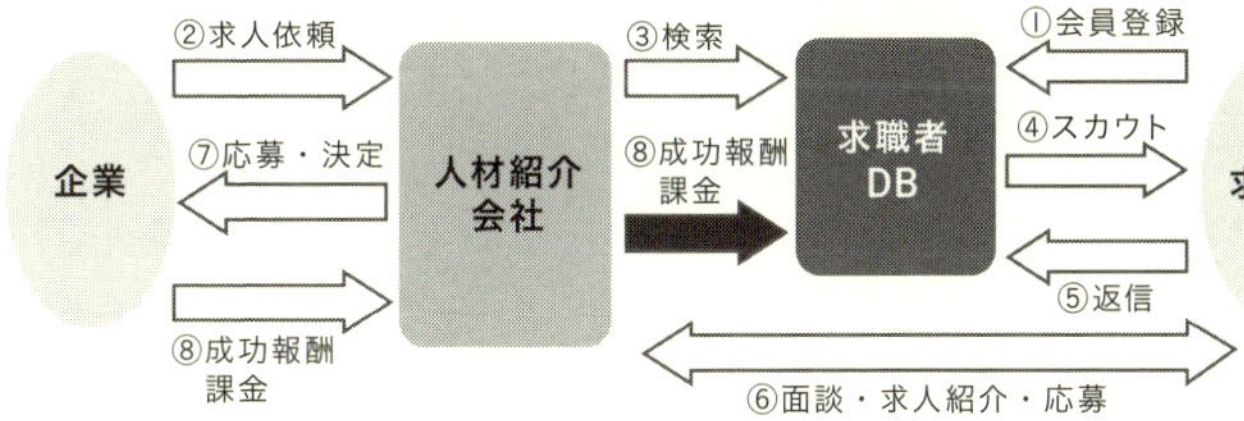

エージェント向け成功報酬型ＤＢスカウトのビジネスモデルは、前述の求職者ＤＢスカウトの変型版であり、企業ではなく、人材紹介会社がスカウトをするということ、そして料金を前課金ではなく、成功報酬で払うという（一部前課金もあり）ビジネスモデルになります。

このモデルは求職者ＤＢの二次利用、三次利用としての事業展開であり、求人広告の運営会社にとっては、追加コストが多く掛からない収益率の高いビジネスになります。

中小人材紹介会社の数が大幅に増えていった時代背景もあり、求職者獲得ニーズが高く、このようなサービスが増えていきました。

一方で、多くのエージェントがサービスを活用することで、スパム的に多くのスカウトメールが打たれることも増え、スカウトメールに対する返信率が年々下がっていくなど、場が荒れるといった懸念も指摘されています。

人材紹介のビジネスモデル

⑤人材紹介（総合／業界・職種特化／レイヤー特化）のビジネスモデル

人材紹介ビジネスモデルを示したのが図3－16になります。

人材紹介のビジネスモデルには、総合型、業界・職種特化型、レイヤー特化型などに分かれ、企業、求職者の対象ターゲットが異なりますが、ビジネスモデルとしては同じになります。

まずは求職者が人材紹介会社に登録したり、DBスカウトから返信をしたうえで、転職相談を行います。また、企業は求人内容を伝え、人材紹介を依頼します。そこで人材紹介会社は双方のニーズにフィットするマッチングを行い、求職者を企業に紹介し、選考の後、内定、決定となった際に、成功報酬で料金を頂くというビジネスモデルになります。

人材紹介のビジネスモデルの特徴は成功報酬型であるため、料金を払ったが、人材が採

■3-16. 人材紹介（総合/業界・職種特化/レイヤー特化）のビジネスモデル

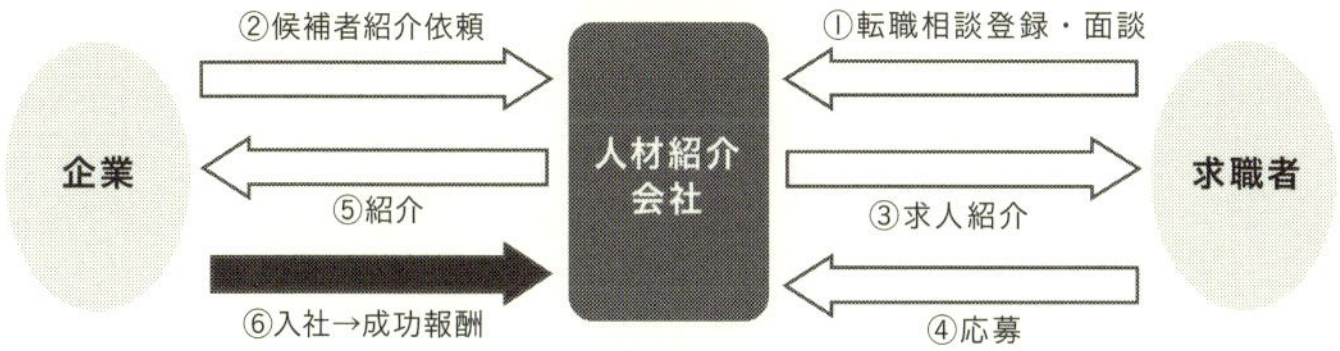

用出来なかったという費用の掛け捨てリスクがない点、候補者探しから絞り込みまで行い、精度高く紹介出来る点、アウトソーシングモデルであり、企業側の負荷が少ないという点がメリットであり、企業側としては非常に使い勝手のいいサービスです。

1999年の改正職業安定法の施行により、民間の有料職業紹介事業が原則自由化されたことも合わさり、市場が一気に大きくなっていきました。

2017年度の人材紹介サービス市場は2570億円であり、数値は推定ではありますが上位3社のリクルートキャリア、パーソルキャリア、JACでシェア30～40%、上位6社足しても40～50%とネット求人広告に比べ、上位寡占度は低くなっています。つまり、業界のプレイヤーの多くが、中小人材紹介会社であり、大手から、中小まで乱立しています。

この理由は大きく分けて二点あり、一つ目は、ネット求人広告と比較しても圧倒的に初期費用が掛からずスタートできるため、中小企業にとっても参入障壁が低いこと。ただし、有料職業紹介事業は許認可事業であるため、一定のハードルはクリアし、認可を取ることが必要です。

二つ目はビジネスモデルとして、成功報酬型が一般的な為、案件スタート時に振るいにかけられることはなく、ヨーイドンで人材を探し、結果として一番その企業にフィットした人材を紹介した企業から採用されることになり、中小人材紹介会社でもフィットしたい人材が紹介できれば、十分に勝てるチャンスがあります。成功報酬でなければ、事前の提案勝負になり、発注されるのは1社、もしくは数社であるので、このように中小人材紹介会社が乱立することは難しくなります。

厚生労働省発表の平成29年度職業紹介事業報告書によると、有料職業紹介事業所数は20783事業所となっております。

■3-17. エグゼクティブサーチのビジネスモデル

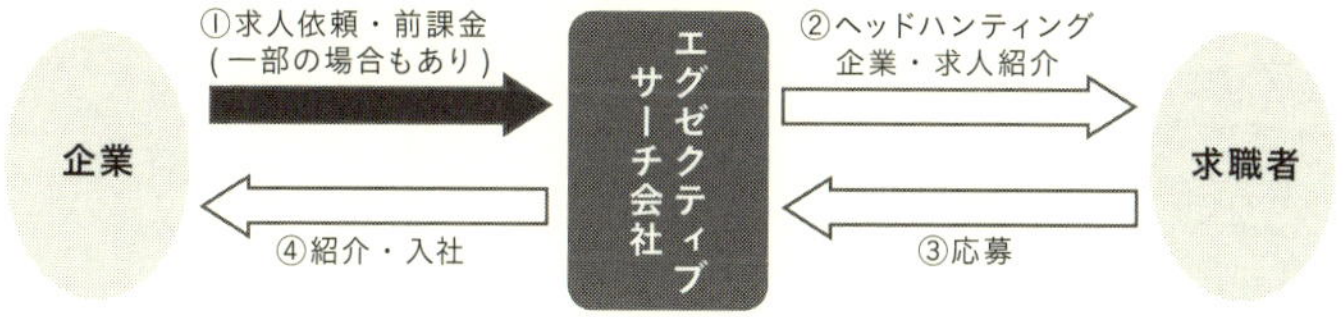

⑥エグゼクティブサーチのビジネスモデル

エグゼクティブサーチのビジネスモデルを示したのが図3－17になります。

海外では一般的に行われているエグゼクティブサーチは、まさに外資系サーチファームが強いビジネスモデルです。

最初に前課金（リテーナー）で全額、もしくは着手金（全額の1／3～1／2程度）を支払い、案件をスタートさせ、そのポジションにフィットしている候補者名をリスト化し、そこからいわゆるヘッドハンティングという形でターゲットにお声掛けをして、企業に紹介していくという狩猟型のモデルになります。

料金は一案件あたり、700万～1000万程度掛かることから、同じリクルーティングビジネスではありますが、他ビジネスモデルとは大きく異なります。

このビジネスモデルの主要プレイヤーは五大ファームと呼ばれる、エゴンゼンダー、スペンサースチュアート、ハイドリック&ストラグルズ、ラッセル・レイノルズ、コーンフェリーの外資系企業です。日系では縄文アソシエイツ、サーチファームジャパン、ジーニアスなどの企業があります。

第4章

リクルーティングビジネスの新潮流

リクルーティングビジネスにおける空白地帯

ここまでお伝えしてきた通り、リクルーティングビジネスには大きく分けて、「ネット求人広告」と「人材紹介」のいう2つのビジネスモデルがあり、その中で派生したビジネスモデルが生まれてきたものの、直近20年、この業界は大きく変わっていません。そこで、改めて、リクルーティングビジネスにおけるビジネスモデルMAPを見てみると、一つ気付くことがあります。

それは低価格帯のビジネスモデルが存在しておらず、ビジネスモデルの空白地帯があります。それを示したのが図4－1になります。

なぜ、リクルーティングビジネスにおいて、直近20年、ネット求人広告と人材紹介という二大ビジネスモデルが大きく変わっていないのでしょうか。外部環境がこれだけ劇的に

■4−1．リクルーティングビジネスにおける空白地帯

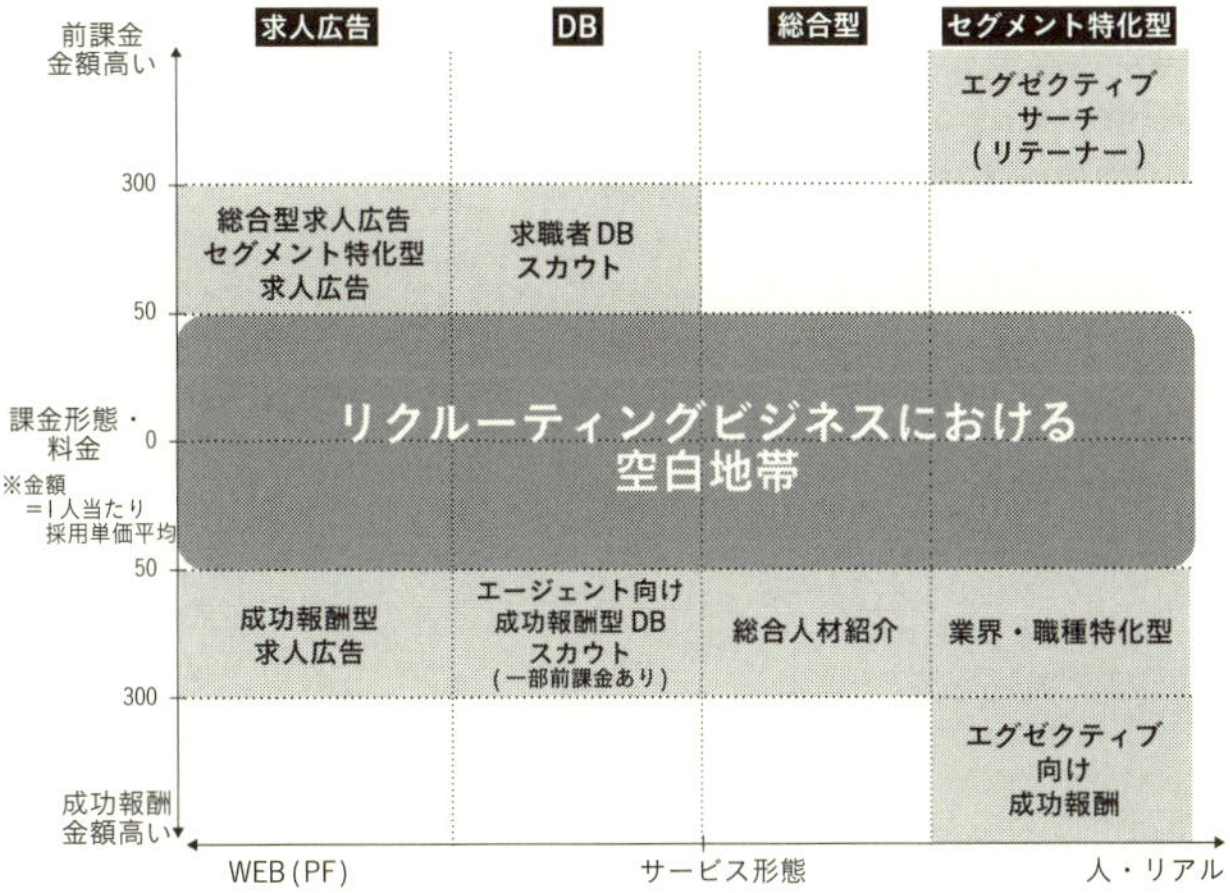

変わっているにも関わらず、競争戦略論の一つである「コストリーダーシップ」、すなわち低価格戦略に出る企業が無かったということになります。

背景としては、扱っているものが「人材」であるというところが起因していると考えられます。

一般的な競争戦略においては、低価格戦略を取り、値段を下げることで、需要が増し、数多く販売する、そして規模の経済からコストを下げ、利益を出すという戦略があります。

しかしながら、採用において、採用費が安いからといって、誰でも採用しようとはなりません。なぜならば、採用費以上に、採用した後の人件費の方が高く、失敗はしたくないという気持ちが強いからです。つまり、安かろう、悪か

ろうというニーズがないため、低価格戦略を取ったとしても、提供する人材は一定のクオリティが求められます。さらに言うと、リクルーティングビジネスにおいては成功報酬型のモデルが浸透しており、値段を下げたからといって、案件をもらえるかどうかが変わることも無ければ、決まりやすくなるわけでもありません。そのため、既存のリクルーティングビジネスを行っている各社は、価格を下げるのではなく、よりいい人材を、タイムリーにご紹介するといったサービスクオリティ向上の戦いをしてきたという歴史になります。

また、20年前で言えば、今のように転職が当たり前の時代ではなく、求職者の希少性があったこと、インターネットがここまで進化しておらず、求職者獲得をアナログにやっていたこともあり、求職者獲得コストがかなり掛かっていたので、値段を下げることが出来なかったという要因もあります。

リクルーティングビジネス、特に人材紹介は高収益率のビジネスでありながら、多くの中小人材紹介会社が存在しており、共存共栄しています。これはある意味、絶妙なバランスで、恐らく、大手企業が価格を下げたとしたら、他社も追随せざるを得なかったと思います。そして、多くの中小人材紹介会社は淘汰されたり、ビジネスモデルの変更を余儀なくされていたと思います。

しかしながら、リクルートをはじめとした大手企業が価格戦略ではなく、サービス向上の戦略を取ってきました。それにより、中小人材紹介会社も価格帯を合わせながら、成功報酬で参入することが容易に出来ました。

さらに加えると、中小人材紹介会社は、リクルートやインテリジェンス（現パーソルキャリア）といった大手人材会社出身の人も多く、新ビジネスモデルというより、同じビジネスモデルでの新規参入が多いという背景もあったのではないかと思います。

ソーシャルリクルーティング

リクルーティングビジネスが直近20年、大きくビジネスモデルが変わっていないこと、そしてリクルーティングビジネスにおける空白地帯があることを説明しました。

そして、ついにこの空白地帯に飛び込んできたビジネスモデルが現れたのですが、それが「ソーシャルリクルーティング」です。

ソーシャルリクルーティングのビジネスモデルとしては主に2つあり、一つはWantedlyを代表とするSNS拡散型求人PRサイトと呼べるビジネスモデルで、もう一つはLinkedInを代表とするビジネスSNSと呼ばれるモデルです。

図4－2は空白地帯に参入したソーシャルリクルーティングをビジネスモデルMAPに入れた図となります。

■4－2. ソーシャルリクルーティングのビジネスモデルMAP

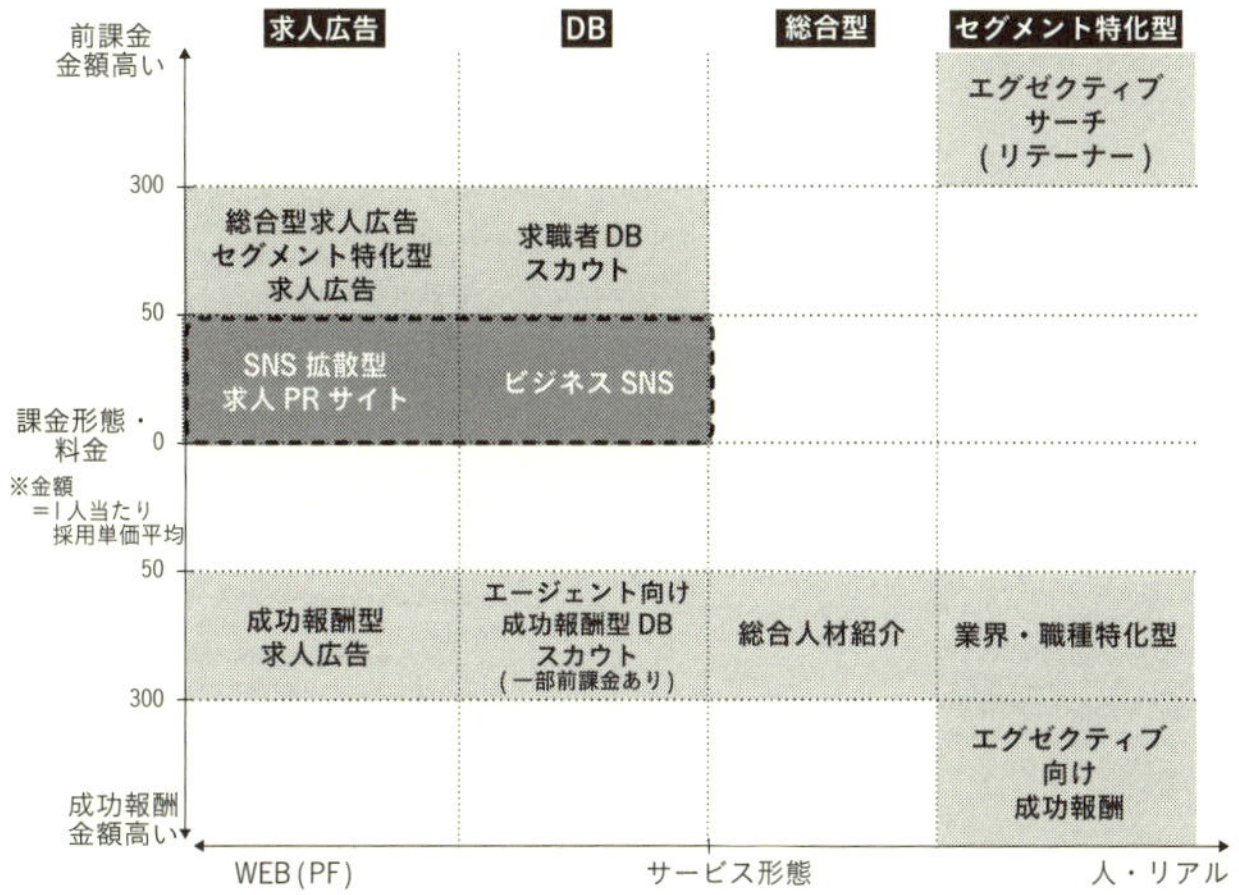

事例研究①Wantedly

Wantedly（ウォンテッドリー株式会社）は、2010年に設立されたベンチャー企業です。

企業理念は「シゴトでココロオドル人をふやす」であり、SNSをビジネスモデルに組み込み、新しいサービスを展開しています。まずは図4－3で示したビジネスモデルを見ていきます。

Wantedly Visit（SNS拡散型求人PRサイト）のビジネスモデルは、企業が前課金で料金を払い、求人や企業情報を自らサイトに掲載し、その内容をFacebookやTwitterと

■4−3．ＳＮＳ拡散型求人ＰＲサイトのビジネスモデル

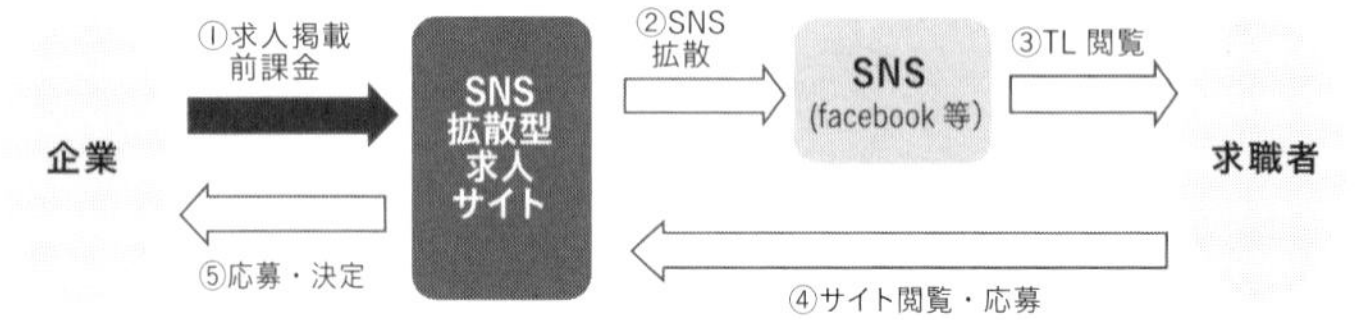

いったＳＮＳを介して拡散していきます。求職者が自身のタイムラインで流れてきたコンテンツに目が留まり、サイトを閲覧し、興味持ってもらったら企業とコンタクトを取り、相互理解を深め選考に進んでいき、双方合意で入社決定するというフローになります。

このビジネスモデルの特徴は大きく3点あります。

一つ目はリーチする対象が転職を考えている転職顕在層ではなく、転職潜在層であることです。

転職潜在層にリーチ出来るメリットは、そもそも転職を考えていないような、現職で評価され、満足しているような優秀層にリーチ出来る点で、これはFacebookの拡散を利用した展開で

あり、社長、社員を起点にそのネットワークで広がっていくので、基本的には近い属性の人達にリーチ出来ることになります。

二つ目はビジョン、社風が表現しやすい点であり、Wantedlyではまさに、経営理念である「シゴトでココロオドル人をふやす」に沿ったインターフェイスになっており、人ややりがい、ビジョンや社風といったところで企業が選べる仕様になっています。

逆に、求人広告等では必ず記載されている「給料」「条件」の記載はNGであり、あくまでPRとしてのプラットフォームであり、従来の求人広告や人材紹介のアプローチとは一線を画すものとなっています。

三つ目は費用対効果の高さです。

従来、求人広告に一案件掲載すると、それだけで70万～100万円くらい掛かります。人材紹介では年収の30％だとして、年収500万円の人を採用したら料金は成功報酬で150万円掛かります。日本においてはこれが普通であり、まさに直近20年、大きく変わっていません。それに対して、Wantedlyは月額4万円から使えて（トライアルは無料）、しかも成功報酬がありません。仮に年間使ったとして48万円であり、ここから1人採れただけでも圧倒的に安いのですが、Wantedlyは求人課金ではないので、求人も出し放題です。つまり、Wantedlyで採用出来ればできるほど、一人当たり採用単価は圧倒的に下がります。

まさに桁が違うインパクトと言えます。

また、その他料金体系としては、基本料金の他に、オプションがあり、サービスラインナップを選ぶことにより、より広告効果を高めることが出来るようになっています。

ウォンテッドリー社長の仲氏がFacebook出身であり、従来のリクルーティングビジネスの発想というよりは、異業界からの参入だったからこそ、全く違うビジネスモデルであり、まさにゲームチェンジャーとしての新規参入だったと言えます。実際、Wantedlyはサービス開始から7年で登録企業数は3万社を超え、まさに急成長しています。

利用企業はスタートアップや中小企業が中心でしたが、徐々に大手企業、NPOなども利用するなど、裾野が広がってきています。

また、転職潜在層にリーチすること、圧倒的低価格という特徴から、Wantedlyは他のビジネスモデルと同じパイを争うのではなく、既存の他ビジネスモデルと併用が効果的となります。上記会社訪問サービスであるWantedly Visitに加えて、名刺管理によるつながり管理アプリであるWantedly Peopleも展開しており、今後はこの融合により、次の事例研究で説明するLinkedInに代表されるビジネスSNS領域に広がっていくことになるでしょう。

このように、Wantedlyはまさにゲームチェンジャーとして、業界に更なるインパクトを与える可能性が大きいと感じています。

事例研究②LinkedIn

LinkedInは2003年設立のビジネスSNSを運営する会社です。全世界で6億人以上の登録（2019年9月時点）があり、まさにグローバルネットワークとなっています。

LinkedInのミッションは「世界中のプロフェッショナルの仕事とキャリアを支援すること」と掲げ、LinkedInのビジネスモデルとしては大きく3つのサービスが展開されています。

一つ目が「タレントソリューションズ」で、これがリクルーティングビジネスで使われていて、二つ目が「マーケティングソリューションズ」でビジネスSNS内のターゲットに対して、いろいろな広告掲載をするものになります。三つ目が「プレミアムアカウント」で個人向けの有料サービスとなっています。この「タレントソリューションズ」について、事例研究として詳細に見ていきます。

LinkedInのタレントソリューションズのビジネスモデルを示したものが、図4－4になります。

■4−4. ビジネスＳＮＳのビジネスモデル

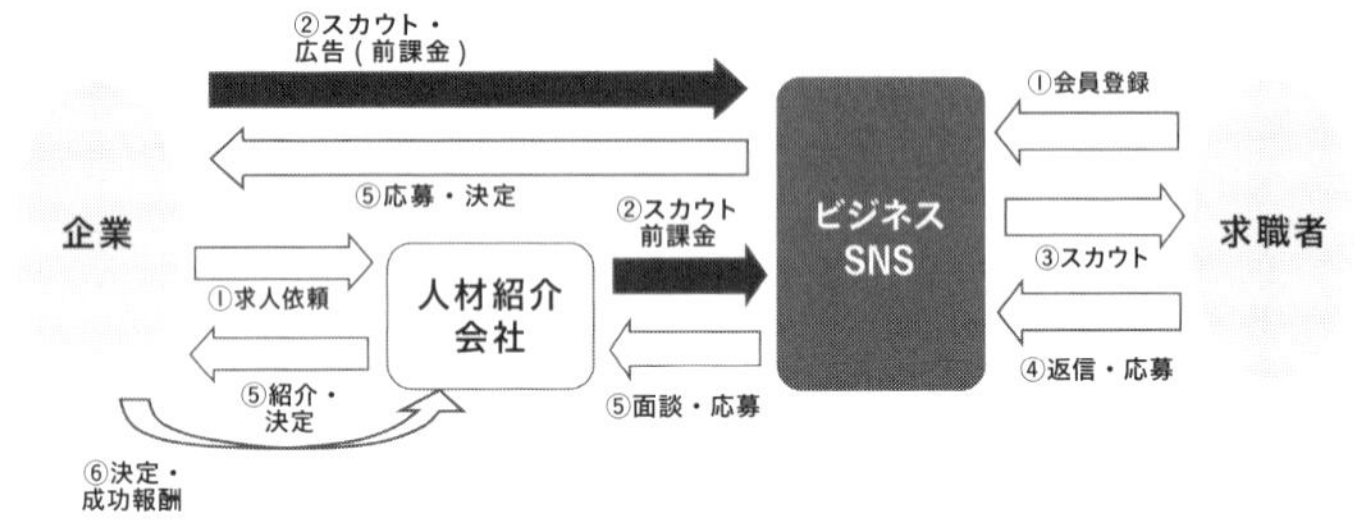

LinkedIn（ビジネスＳＮＳ）のタレントソリューションズのビジネスモデルは、一言でいうと潜在転職者層への求職者ＤＢスカウトモデルです。

企業が直接、ビジネスＳＮＳを介して、ターゲットになる人材にアプローチをし、コンタクトを取り、そこからコミュニケーションを取りながら、採用につなげていきます。また、企業だけではなく、人材紹介会社もLinkedInのＤＢに対し、スカウトをするために前課金で料金を払ってアプローチを行っていくことも可能です。

このビジネスモデルの特徴は、スカウト型なのでターゲット人材に能動的にアプローチしていく点であり、この点については求職者ＤＢモデルと同じです。違いはＤＢ属性で、従来の求職者ＤＢは、その意欲に濃淡はありつつも、転職希望者が自ら登録したものであり、顕在転職者のＤＢと言えます。

一方で、ビジネスＳＮＳについては、必ずしも転職希望とは限らないので、潜在転職者のＤＢとなります。

日本に比べ、欧米でははるかに人材流動化が進んでいるので、このようなビジネスＳＮＳに自身の経歴を載せた上で、常に新しい機会を求めていることが当たり前で、欧米においてはLinkedInは採用においてなくてはならないソリューションとなっています。

一方で、日本には２０１１年に進出していますが、日本での登録は、２０１９年時点で２００万人程度となっています。

海外ではスタンダードとなっているビジネスＳＮＳですが、日本の雇用慣習などを考えると、自身の経歴をオープンにして、新しい機会を待つという考え方がそもそも無い、馴染まないことと、それをすることで、周囲から転職するつもりだとレッテルを貼られてしまう懸念があることが起因していると言えます。実際に登録しているのは、外資系、ベンチャー、人材系の人が多く、大手企業の人は相対的に多くありません。日本において、採用の一チャネルとしてはあり得るかもしれないが、欧米の様に雇用のインフラビジネスになるという状態は今のところ見えていません。なお、日本において採用で使うとしたら、主に上位レイヤーの転職潜在層を探す時になると思います。

料金体系については、いくつかプランがありますが、前課金で払うことで、法人ライセンスを得て、制限の範囲内でダイレクトメッセージなどを送ることが出来ます。料金は年間で50万程度からで、前課金ではありますが、年間で1人、2人採用出来ただけでも、状来のビジネスモデルに対して、費用対効果は高いです。

総括すると、グローバルで圧倒的に支持を得ているビジネスSNSですが、現状では日本では従来のリクルーティングビジネスにすぐに代替していく可能性は低いと思います。ただ、2016年にマイクロソフトがLinkedInを買収してますので、その買収によりどのように戦略やビジネスモデルが変化してくるかに期待したいところです。

■4−5.OpenWorkリクルーティングのビジネスモデル

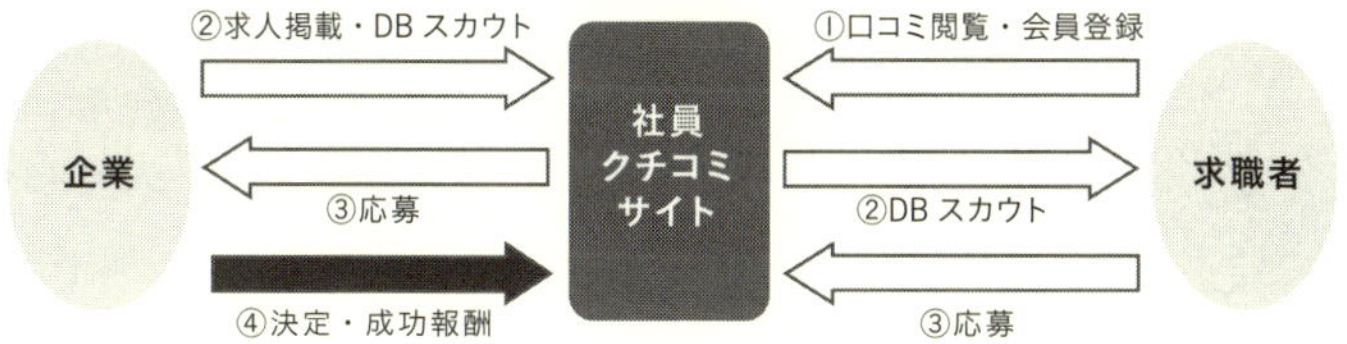

事例研究③OpenWork

OpenWork（旧Vorkers）は2007年6月に設立された、社員や元社員による、クチコミのデータベースを運営する会社です。

一人ひとりの声をシェアすることによって、ジョブマーケットの透明性向上に取り組んでいて、2019年9月時点で、社員クチコミ840万件、掲載求人数10万件、登録者数320万人と、日本最大級の社員クチコミサイトとなります。

OpenWorkでは、この社員クチコミサイトの運営がメインですが、リクルーティングサービスも提供しています。図4−5に示したビジネスモデルを説明します。

OpenWorkリクルーティングのビジネスモデルは、社員クチコミサイトに会員登録し、WEB履歴書を登録しているユーザーに対して、クチコミの会社ページ上に求人を掲載して応募を集めることや、スカウトを送ることができるサービスとなっています。

採用単価は1人80万円で、他成功報酬型の求人サイトやDBスカウトモデルと同等水準です。

従来の求人広告サイトは、企業側がより多くの候補者を集めるために、コンテンツを一方的に発信しており、求人広告をお金払って綺麗に出せる企業、見せ方が上手い会社が「よい企業」に見え、それによって採用ブランディングが行われていました。しかし、近年では、UGC（user generated content）と呼ばれるユーザーによって蓄積される情報がコンテンツ化する手法が確立し、リクルーティングビジネスにおいても存在感を増してきています。実際にクチコミ評価が低い評価の企業群と、高い評価の企業群では応募率が2・2倍以上差が出ているなど、クチコミ評価が高い企業は求人への応募率が高くなるという相関が出ています。

社会人において、社員クチコミサイトを利用している比率は70％を超えており、求職者の転職活動においての影響度はとても大きなものになってきています。

また、掲載順位にも特徴があり、従来の求職サイトは企業が高いお金を払えば一番上に掲載させられるものでしたが、OpenWork上では、広告費は一切取っていないため、全てスコア順になっています。また、スカウト可能な送信件数も、評価スコア毎で傾斜を付けているため、スコアが低い企業は打てる通数が少なくなります。

スコアが高い会社ほど多くスカウトが打てるというアルゴリズムを入れているなど、徹底的に求職者目線に立ったサービスを構築しています。今までは広告予算が優位だったジョブマーケットを、働きがいのある企業がより優位になる、まさに個人目線のルールに変えていこうというのが、ゲームチェンジャーとしてのチャレンジとなります。

従来のリクルーティングビジネスはBtoBのビジネスで、お金を払ってくれる企業主体で発信されるコンテンツとなっていました。そのため、いいことばかり書いてあるけど、本当のことがわからないという状況が求職者側にとってのストレスでしたが、それに対して、UGCであるクチコミサイトは、評価がマーケットに晒されています。いいことも、悪いことも書いてあることが、よりリアルに近い理解が出来ることは企業選びという大事な意思決定において、大きな影響を与える存在となっています。

今後、求職者起点である、この社員クチコミサイトのビジネスが、転職活動におけるインフラ、プラットフォームになっていく可能性は高いです。一方で、リクルーティングビジネスとしては、よりプラットフォーム価値を高め、求職者がさらに集まる場を作り、そこからどのように企業と接続し、マネタイズしていくかがポイントになると思います。

事例研究④NewsPicks

NewsPicksは「経済を、もっとおもしろく。」を標語に掲げるソーシャル経済メディアであり、The Wall Street JournalやThe New York Timesなどの国内外90メディアのニュースのほか、NewsPicks編集部が作成するオリジナル記事も配信しています。

各業界の著名人や有識者が投稿したコメントと共に、多角的にニュースを読み解くことができ、ユーザー会員数は約４００万人（２０１９年10月）まで伸びてきています。

NewsPicksの特徴の一つは経済情報に特化したキュレーションサービスであり、記事に対して様々な分野の専門家など、ユーザー同士のコメントが集まることで、従来にない多角的な楽しみができるニュースプラットフォームであることです。

もう一つの特徴はNewsPicks自体が、パブリッシャーでもあり、プレミア会員向けの有料記事と企業がスポンサードするブランドコンテンツをオリジナルで制作しています。

この二つ目の特徴で挙げた企業向けのブランド広告が、「ブランドストーリー」という名の記事で、2016年よりリクルーティングサービスにも展開しています。応募フォームをつけた採用コンテンツとしてNewsPicks内のジョブオファータブに掲載されています。

元々、ソーシャル経済メディアであるNewsPicksのリクルーティングサービスへの展開は異業界からの参入であり、従来のリクルーティングサービスとは全く異なるアプローチです。「広告は企業主語で、嫌だ、面白くない」という感覚を持つことが多い中で、NewsPicks Brand Designの広告記事は、ユーザーが主役で、ユーザーの心を震わせる企業のストーリーを伝える「編集力」が差別化ポイントになっています。

リクルーティングサービスとしてのNewsPicks Brand Designのビジネスモデルは、シンプルに求人広告モデルであり、企業から発注があり、記事を制作して、NewsPicksに掲載します。

ここまでは従来と同じですが、大きく異なるのが従来の求人広告は当然、転職を希望している顕在層に向けてのアプローチなのに対して、NewsPicksの場合、既に約400万人のユーザー会員を抱える経済メディアであり、そもそも転職を考えてない、アクションを起こしていない優秀層×潜在層にアプローチできる点になります。

記事のストーリーに共感して応募してきてくれているため、カルチャーフィットの観点でもスクリーニング機能を果たしています。

このように、既存サービスのアセットを最大限活用でき、従来のアプローチが難しい優秀層からの応募獲得が強みになります。

また、サービス名の通り、Brand Designであり、従来の求人広告が一定の期間出稿であるのに対して、制作したブランドコンテンツを二次利用も含め、ずっと使い続けることができるので、短期的に採用が出来た、出来なかったということではなく、長期的に価値発揮されるところも特徴です。

ビジネスモデル的には広告ビジネスであり、レッドオーシャンのように見えて、ターゲットが転職潜在層であること、そして、その潜在層が広告としてではなく、「心が震えるストーリー」として読まれ、「共感」から企業と読者の接点をつくり上げていくところがNewsPicksの強みと言えます。

大手人材サービス各社の次世代戦略

転職・中途採用領域における新たな潮流に対して、日本の中途採用ビジネスをけん引してきた大手各社はどのような次世代戦略を描いているのでしょうか？

まずは中途採用ビジネスで、最も長い歴史と転職決定数で最大のシェアを持つリクルートから見てみたいと思います。

リクルートグループは、求職者への接点で強力なパワーを持つ『indeed』というグローバル求人サイトを持ち（2012年に約1000億円で買収）、グループ全体として世界の人材ビジネス市場を主戦場にした戦いに打って出ています。また、2018年5月には、企業評価やCEO評価、給与、福利厚生など、企業のクチコミ情報を検索できるアメリカ・カリフォルニア発の求人企業レビューサイト『Glassdoor』を約1270億円で買収し、今後、この2つのサービスのシナジーを生み出していくことで、CEOの峰岸真澄氏が以前から宣言している「2020年にHRビジネスで世界No．1」という目標にまい進していく可能性が高いと考えられます。

その一方、日本国内の中途採用市場で最大のシェアを持つリクルートキャリアは、求人企業側との接点拡充を基幹戦略としているようです。それを象徴するのが『リクナビHR Tech』という企業向けの採用管理システム（ATS：Applicant Tracking System）。求人広告サイト『リクナビNEXT』と、人材紹介採用人数が少なく、採用自体が低頻度の中小企業も含めて企業ネットワークを拡大し、日本のHRMを進化させたい」（リクナビHR Tech　担当マネージャ・南雲亮氏）という構想を描いています。

2018年8月には『リクナビHR Tech採用管理』を無料のクラウドサービスとしてスタート、その後、従業員の勤怠マネジメントツール『リクナビHR Tech勤怠管理』、また人事評価管理ツールの『リクナビHR Tech評価管理』を続々とリリースし、AIを活用した人材レコメンド機能の付いた『リクナビHR Tech転職スカウト』と併せて4つの無料サービスで、利用企業が急増している状況です。もともとトップシェアゆえに強みであった企業との接触面積と関係性をさらに深耕させていくことを鮮明にした戦略と言えるのではないでしょうか。

「多忙な人事の業務負荷を減らすことで、本来で出会うべきであった求職者と企業の出会いを最大化させたい」（南雲氏）という言葉に、今後のリクルートキャリアが志向する方向性が象徴されています。

２００６年にインテリジェンス（現・パーソルキャリア）と学生援護会が経営統合し、さらに２０１３年にテンプホールディングス（現・パーソルホールディングス）の子会社として、リクルーティング領域の中核会社であるパーソルキャリア。

人材紹介事業でリクルートキャリアに迫りつつ、求人広告メディアでも転職サービス『ｄｏｄａ』（デューダ）を軸に急激な勢いで拡大を進めています。その中でも、パーソルキャリアの戦略を特徴づけるのが、『ｄｏｄａ』とはまったく別の価値をめざして２０１５年にリリースした、求人広告サイトの『ミイダス』です（２０１９年４月にパーソルイノベーション株式会社の傘下で法人化）。

「必要最小限の機能だけで、高精度なマッチングを実現しながら、転職希望者の職務経歴書や、企業のスカウト送信などの工数を軽減する〝求人広告の進化形マッチングモデル〟を作り上げました」（ミイダス株式会社　代表取締役社長　後藤喜悦氏）。

求職者向けには「書類選考合格率１００％」や「オファースピード」「入力の手間がない」価値をうたい、求人企業には「求人掲載無料・無制限」「求職者データ閲覧無料」などの価値で訴求することですでに5万社を超える企業利用を集めるなど、確実に新しいマッチングモデルを構築し始めている状況です。さらに、2019年10月には、企業の社風や文化に適合し、活躍する可能性が高い人材の傾向を分析する「フィッティング人材分析機能」を搭載するなど、さらにマッチングの精度向上に注力しています。

「法人との接点で圧倒的なシェアを構築したい。まずは30万社との接点を作り出し、次の進化を担える立場を確立したいと考えています」（後藤氏）

企業接点の総面積を拡大していくという基幹戦略は、リクルートキャリアと一見同じですが、方法論としては〝マッチングの進化〟というまったく別のアプローチを選択していることが特徴的です。

ほかにも、2011年には、顧問による経営アドバイザリーサービス「i-common（アイコモン）」をリリース、2019年には、ハイクラス人材のキャリア戦略プラットフォーム『-iX』のサービスを開始するなど、既存のマッチングとは異なるセグメントや手法開発にも意欲的な取り組みを続けています。

1995年にスタートした総合転職情報サイト『エン転職』（スタート時は、『[縁]エンプロイメントネット』）を軸に、求職者視点のサービスを徹底するエン・ジャパン株式会社。

「広告枠をいただくことがゴールではなく、入社後活躍を実現できるサービスを構築したい。求人サービスではなく、『入社後活躍サービス』を提供する会社に変化していきたい」と語るのは、代表取締役の鈴木孝二氏。

「政府が『一億総活躍社会』の旗印のもと、働き方改革を推し進めている中で、我々、人材サービス業が果たすべき役割はますます大きくなると確信しています。

『企業と人材のフィッティング精度の向上』によって、〝適切な会社・ポジションに、適切な人材を〟というシンプルですが、実現難易度の高いチャレンジをやり切りたい。弊社だけでなく、業界を挙げてそれに取り組むことが国全体の経済成長に付与することになると考えています」（鈴木氏）。

そのためには求人企業の良い所も、そうでない部分も限りなくオープンにすることが不可欠と考えて生み出されたサービスが『カイシャの評判』。

「すでに70万社近くの企業の社員・元社員からの情報をデータベース化し、無料で提供しています」（鈴木氏）。

また、成熟産業・成熟職種から成長産業・成長職種へのキャリア移行を支援していくために、求職者への提案力を上げていくことや、テクノロジーを最大限活用したサービスにもチャレンジしているようです。求める人材要件を精密に定義化することでミスマッチを減らす『タレントアナリティクス』や、転職者の入社後のフォローを継続していくことで早期離職を予防する『HR OnBoard』（2017年リリース）など、続々と付加価値の高いサービスを投入しています。

その一方で、オウンドメディア時代に対応して、自社で採用活動を発信していくための支援ツールとして2016年にスタートした採用支援ツール『engage（エンゲージ）』は、すでに利用企業が23万社を超え、採用業務の総合支援として、求人企業との接触面積を構築している状況です。

大手3社の動向はいずれも求人企業サイドの接点強化をめざした戦略展開となっています。もともと中途採用ビジネスの主戦場であった、情報誌・インターネットのメディア基盤整備やWebマーケティング、テレビCMでのブランディングなどの求職者獲得競争は依然続いていますが、グローバルなアグリゲーションサイトが登場し、日本国内に限定したメディアや集客戦略が飽和点を迎える中で、国内の大手各社にとっては、求人企業との関係性構築が各社の基幹戦略となっているように映ります。

どのようなアプローチでの接点獲得が市場シェアを握るカギとなるのか、景気の変動にも揺さぶられながら2020年代前半にどのような市場を形成していくのか、その動向が注目されます。

第5章

人材業界のディスラプター

アグリゲーション型求人検索エンジンの参入

これまでリクルーティングビジネスにおいて、低価格帯のビジネスモデルは無かったのですが、そこに飛び込んできたのがソーシャルリクルーティングでした。

また、社員クチコミサイトが人気を集めていたり、NewsPicksのようなリッチなコンテンツでストーリーを語り、転職潜在層にリーチするメディアも出てきました。

そして、大手各社の動向は求人企業サイドの接点強化を目指した戦略展開となっています。

そんな中、ソーシャルリクルーティングと同じく低価格帯に参入してきたのが、図5－1に示した全く新しいビジネスモデルである「アグリゲーション型求人検索エンジン」となります。

■5-1. アグリゲーション型求人検索エンジンのビジネスモデルMAP

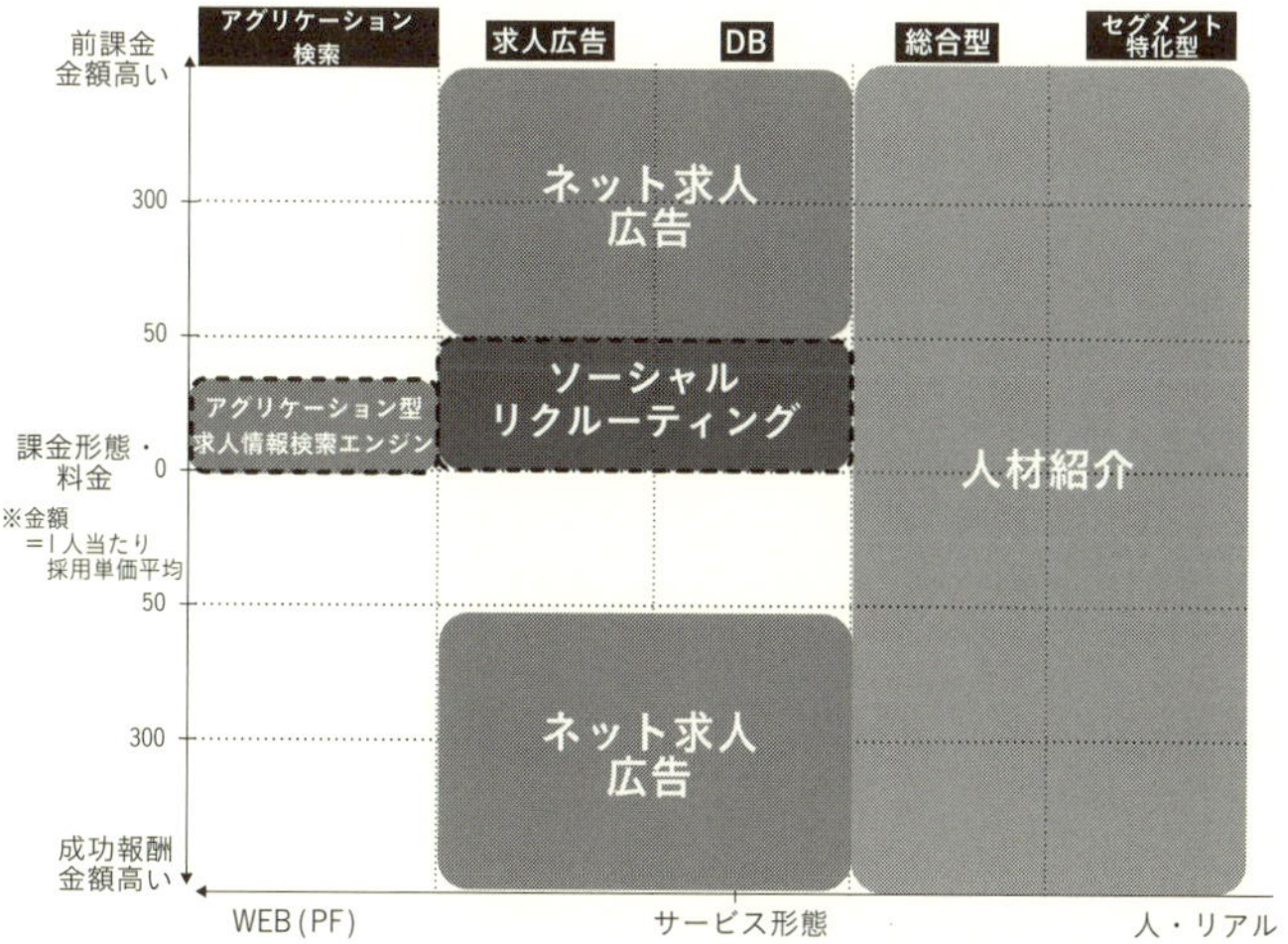

アグリゲーション型求人検索エンジンの代表企業は「indeed」であり、２０１９年にはGoogleが「Google しごと検索」というサービス名で日本においてもサービス開始しております。

ここではindeedの事例を踏まえて、展開していきます。

アグリゲーションは「集約する」、「まとめる」という意味で、インターネット上にある求人情報をクローリングという技術で集約して、ワンストップで求人情報を見られるようにしたサイトのことを指します。

事例研究⑤indeed

indeedは2004年にアメリカ、テキサス州オースティンに設立された会社で、インターネット上にあるあらゆる求人情報をクローリングして集め、まとめることで、新しい仕事を探す求職者にとって、求人情報をワンストップで提供するというアグリゲーション型求人検索エンジンのビジネスを行っている会社です。

2012年にリクルートが買収し、indeedは現在、世界60カ国、28言語対応、全世界GDPの約94％をカバーしています。ビジョンは「I help people get jobs」で、文字通り、求職者目線で作られているビジネスモデルです。なお、通常の求人広告サイトは企業目線で作られていることが多くなります。

図5－2に示したビジネスモデルを説明します。

indeed（アグリゲーション型求人検索エンジン）のビジネスモデルの起点は、インターネット上にあるあらゆる求人情報を集めて、まとめることです。これによりindeedのサイトには圧倒的な求人数が掲載されることになります。その上で、indeed独自のSEO技術により、求職者がGoogleやYahooなどの検索エンジンで、仕事を探そうとした際にindeedの

■5-2. アグリゲーション型求人検索エンジンのビジネスモデル

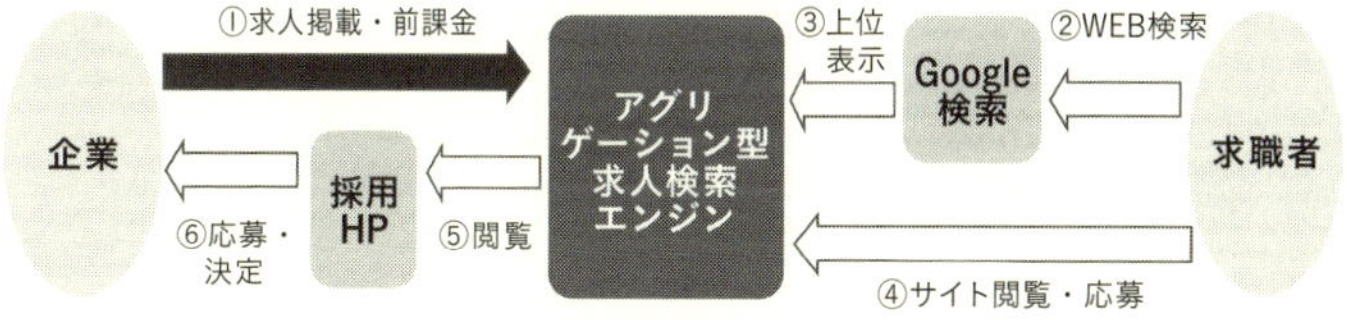

リンクが上位表示されます。そこを求職者がクリックすると、indeedの求人検索エンジンにリンクし、そこでワンストップで求人を探すことが出来るというビジネスモデルとなります。そして、企業は自社の求人情報をindeedサイト上で、上位表示させたり、スポンサー広告を打つことで、自社採用ＨＰへの集客力を高め、そこからの応募者を採用するというフローとなります。

　このようなスキームでの採用活動を「オウンドメディアリクルーティング」と呼んでいます。

　indeedの特徴は3点あります。一つ目は「世の中にある求人情報を集め、フィットした求人をワンストップで見ることが出来る」こと。これにより求職者にとって、簡単に自分が探している求人にリーチすることが出来ます。逆に企業にとっては、自社求人に関連するキーワードを入力した人に対してだけ効率的に表示されるので無駄がありません。

二つ目は「世界トップレベルのSEO技術により、求人検索時にほぼindeedが上位表示される」ことです。膨大な求人情報×高いSEO技術により、GoogleやYahoo等の検索エンジンで「職種名×地名」のように求人に関連するキーワードを検索した場合、検索結果でindeedはほぼ1ページ目に上位表示されます。

三つ目が「料金は案件ベースではなく、クリック課金」であり、求職者がスポンサー広告をクリックした時のみ発生するモデルとなります。すなわち、WEB広告の料金モデルで、この点でも、従来のリクルーティングビジネスの料金形態とは大きく異なります。予算は月額上限やクリック単価を自由に設定することが出来ます。仮にクリック単価200円、月額予算30万円とすると、1500クリックされ、応募率1%だと低く見積もっても、15人応募／月が来る。この中から、1名採用（応募決定率6・7%）出来たら、それで十分に費用対効果は高いと言えます。ただ、最近はクリック単価がドンドン上昇しているところもあり、ターゲットによっては求人広告と変わらない費用になってしまう場合も出てきています。

総括すると、Wantedlyがゲームチェンジャーだと論じましたが、indeedであり、Goog

leしごと検索といったアグリゲーション型検索エンジンは、業界のディスラプター（破壊者）になり得るポテンシャルを持っていると言えます。

「転職顕在層」、つまり転職意欲のある人材が、「楽に」、「安く」採用できるチャネルであり、これはまさに企業のニーズに対して、三拍子揃っています。このチャネルでいい人材が採用できるのであれば、従来のサービスは無力化されることになるでしょう。

indeedのポテンシャル

indeedのビジネスモデルはお伝えしてきた通りですが、実際にindeedでどこまで採用できるのか、つまり集客できるのかというところがポイントになります。

いくら「負荷が少なくて、採用単価が低い」領域でも、フィットする人が集まらなければ、そして採用出来なければ意味がないからです。

前述したように、リクルーティングビジネスの構造はリボン図モデルとなります。

リクルーティングビジネスが企業と求職者をマッチングするために、双方への提供価値を高め、プラットフォームに集めてきます。片方の数が増えれば、もう片方も増えていくネットワーク効果の高いビジネスなので、アグリゲーション型求人検索エンジンが圧倒的に強いという点に気付きます。つまり、リボン図モデルの片方、企業サイドの求人数がインターネット上にある求人情報のほぼ全部であり、他のネット求人広告サイトや人材紹介が保有している求人数とまさに桁違いなのです。そうなると、逆の求職者も集まってくる構造なので、この点でアグリゲーション型求人検索エンジンは圧倒的に強いといえるのではないかと思っています。

実際に掲載求人数（正社員／勤務地日本国内）を調べたところ（2019年9月1日時点）、indeedに掲載されている求人は84万8990件に対して、リクナビNEXTが2万6395件、マイナビ転職が1万375件であり、indeedはリクナビNEXTの32倍、マイナビ転職の82倍の掲載数となり、まさに桁違いの差ということになります。つまり、求職者にとっての選択肢が多いのは間違いなくindeedということになります。

リボン図モデルの構造であるので、掲載求人が多いということは、求職者が仕事探しをした時に、indeedを経由する可能性も高いということを意味します。実際のサイトの集客力を調べたものが表5－3です。

■5-3. 主なリクルーティングビジネスプレイヤーのサイト集客力

	アグリゲーション型求人検索エンジン			ネット求人広告			
サイト名	Indeed (jp)	スタンバイ	Careerjet (jp)	DODA	リクナビ NEXT	マイナビ 転職	エン転職
セッション数	409万 1000件	30万 5881件	13万 7874件	306万 9000件	301万 8000件	241万 7000件	171万 2000件
indeedを100とした時のセッション数	100	7.4	3.3	76.9	71.4	58.9	41.6

（出所）SimilarWeb(https://www.similarweb.com) による筆者調査 (2019年9月1日)

表5－3を見ても一目瞭然ですが、既に日本においてもindeedのセッション数（訪問数）が圧倒的です。

indeedの月間訪問数を100としたときに、同じアグリゲーション型求人検索エンジンであるビズリーチのサービスであるスタンバイは7・4、Careerjet（.jpドメイン）は3・3と、集客力で圧倒的な差がついています。同じくindeedを100とした時に、ネット求人広告ではDODAが76・9、ビNEXTは71・4、マイナビ転職58・9、エン転職41・6となります。つまり、日本において一番、転職希望者を集客しているのは既にindeedであり、今後さらに差が広がっていくことになるでしょう。

indeedは求職者接点を根こそぎ取っていく

ここで、もう一点、indeedがディスラプターとしてリクルーティングビジネスの構造を変えていくだろう点を指摘すると、indeedが求職者接点を根こそぎ取っていく可能性が高いということです。

求職者が転職を考え、仕事を探す際に、GoogleやYahooといった検索エンジンでキーワードを入力して、求人サイトにいき、そこで求人情報を手に入れるというフローだったのですが、現在、この求職者接点をindeedが根こそぎ取ろうとしています。圧倒的な掲載求人数を誇るindeedは求職者が仕事を探そうとしたときに、上位表示される可能性が極めて高くなっています。

つまり、求職者が仕事を探そうと思った時に、最初にランディングするページが求人広告サイトや人材紹介サイトではなく、indeedになろうとしています。そうなると、求人広告、人材紹介共に直接の集客が難しくなり、indeedからの送客に頼らざるを得ない状態に陥ります。

■5−4.求職者接点をindeedが獲得していく

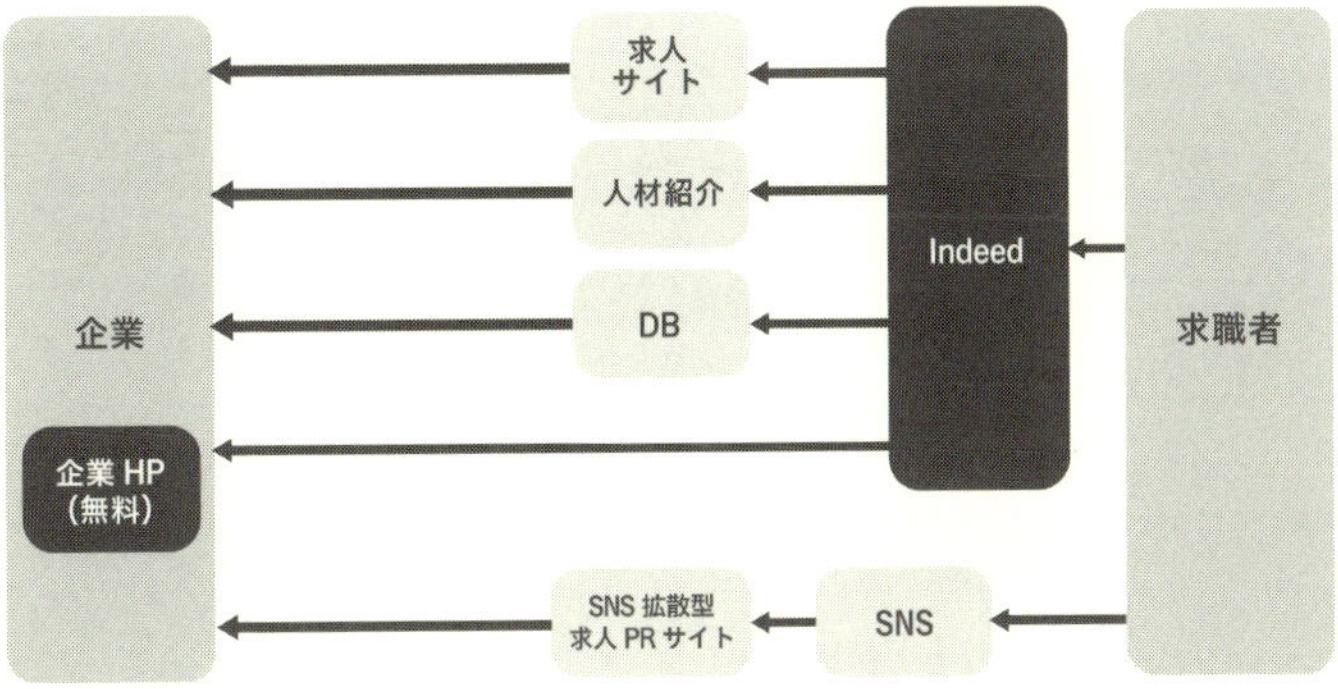

図5−4の通り、indeedは直接企業のHP（オウンドメディア）に送客するビジネスモデルなので、既存リクルーティングビジネスにとっては競合であることはもちろん、求人サイト、人材紹介会社、DBスカウトモデルなど既存のリクルーティングビジネスにとっての本当の脅威は、求職者獲得をしようにも、上流にindeedがおり、頼らざるを得ない状況です。

つまり、既存のリクルーティングビジネスにとってindeedはビジネス競合でありながら、リクルーティングビジネスの生命線である求職者獲得を握られてしまうことになるわけです。

このように、indeedは求職者接点において圧倒的な力を持ち、indeed経由での決定を増やしていくだけに留まらず、従来のリクルーティングビジネス各社の集客において、indeed無しではやっていけないような存在感になっています。

まさに、indeedが業界の構造を変えていっています。

これがindeedをリクルーティングビジネスにおけるディスラプターと呼んでいる理由になります。

第6章

人事採用部門は変化にどう対応すべきなのか？

優秀な人材をいかに獲得するべきか？

優秀な人材をいかに獲得するかという問題は、経営者や人事責任者にとって、はるか昔から大きなテーマですが、今後それはさらに激化します。

今後の急激な少子高齢化の進展が企業活動にどんな影響を与えるのでしょうか？

結論を先に言うと、「優秀な人材から選ばれた企業は継続成長し、選ばれなかった企業は消失する」事態が起こると考えられます。

過去30年の中でも、バブル崩壊から金融ビッグバン、ITバブル、リーマンショックなどがあったように、好景気と不景気の循環的な短期波動はこれからも繰り返し発生するはずですが、人口減少や産業構造変動という長期波動の変化には揺り戻しは起こりません。

この不可逆の長期波動に対応し、「雇用する側」から「選ばれる側」への変化が企業には求められています。優秀な人材に選ばれない企業は、数年内に過酷な運命にさらされるかもしれません。

優秀人材の「クラウド化」が進む未来とは

たとえばＩＴ業界では、ひとりの優秀なエンジニアが複数の会社を副業でかけもちするケースが珍しくありません。働く側からすると、一社に丸抱えされることで、自分が生み出せる付加価値に比べて一社の報酬制度の壁によって年収上限が発生してしまい生産性が非常に低下してしまうという背景があります。

一社でひとりの優秀なエンジニアに支払える給与は月１００万円、年収で１２００万円くらいでしょうか。しかし、他人の2倍、3倍働ける〝ハイパーエンジニア〟ともなれば、月１００万円の給与に相当する質と量の仕事を、同時に複数の企業と契約して納品することが可能です。

1社に丸抱えされるより、同時に2社、3社、4社と同時並行で複数の会社と契約することで総収入が圧倒的に上がる構造になっているのです。

ＩＴ企業にとって、優秀なエンジニアの確保は、その企業の成長力を決定づける要素のひとつです。でも、優秀なエンジニアを一社で独占できればいいのですが、現実問題としてそれはできない。ですから、他社とかけもちで仕事をしているような優秀なエンジニアから「選ばれる会社」にならなければなりません。

ホラクラシー、副業解禁など、ITベンチャーは、さながら「新しい働き方」の見本市のようになっていますが、そこには「優秀なエンジニアから〝選ばれる会社〟になる」という明確な目的があります。

IT業界と同様の現象は、徐々にではありますが、あらゆる業界で進みつつあります。たとえば、人材採用業界。SNSやビッグデータ、AIなどのテクノロジーを使いこなせる採用プロフェッショナルと、従来型で媒体やエージェントに発注するしかできない人とでは、今後さらに生産性に差が生まれてくるはずです。

アメリカではテクノロジーを使いこなして候補者を探すサーチスペシャリストが一般的な存在になっていますが、日本も近い将来、そんな形に近づいていくのではないかと考えています。

「営業職」も例外ではありません。たとえば、医薬業界の営業であるMRの働き方は、以前とはずいぶんと変化しています。ひと昔前のMRの働き方は、病院・医院に出入りする〝御用聞き営業〟が主流で、顧客である医師との人間関係構築という泥臭い営業スタイルの優劣がMRの生産性に直結していました。

しかし、電子カルテの進展などにより〝御用聞き〟はITが代替できるようになったことで、今日の優秀なMRはコンサルテーションの部分でしのぎを削りあっています。

その時、採用戦線の主戦場は、今以上に業界の枠を超えて、少数のハイパフォーマーをめぐる激しい争奪戦になっているはずです。

そのほかにも、テレワーク、裁量労働制など、優秀な人材が自らの生産性をより向上させるために「あったらいいな」と思う環境を整えることは、基本的なものとして必要不可欠になるでしょう。

そのような人材争奪戦の中で、一つの武器になるのが、いわゆる仕事のやりがい、会社の働きがいの発信ではないでしょうか。

ベンチャーで言うと、たとえば「自由な社風」「新規事業もまかせる」といったPRがよくありますが、実際にその企業で活躍しているハイパフォーマー人材に声を聴くと、そうした魅力以上に、自社製品・サービスや戦略の独自性に魅力を感じ、そこで頑張っているという事例も増えてきています。

自社のハイパフォーマーに、「なんでウチの会社で頑張っているの？」と聞いたことがありますか。実際に働いている社員にウラ取りをせずに、経営者あるいは人事が思い込みで「当社の魅力」を決めつけていないか？　など、特に注意したほうがいいかもしれません。

「〝自社が求める人材〟を獲得する時代」から、「〝自社が求める人材〟が仕事や職場に期待していることを特定し、それを提供することで選ばれる企業になる時代」へ。人材獲得競争が激化する中、採用は、高度に戦略的な変化が求められています。

「離職抑止策」が機能している会社の特徴とは

テクノロジーによって、あらゆる産業に生産性のレバレッジ向上が期待される中、今後、優秀人材を〝雇用できる企業〟と〝できない企業〟とでは創出利益の格差は何十倍、何百倍にもなる可能性が高いと思われます。

では、どうすれば「優秀人材を雇用できる企業」になれるのか。

ルーセントドアーズ株式会社の転職サービスの登録者約3200人に対して「会社を辞めた（もしくは辞めたい）理由」を聞いた調査結果から、4つの離職理由が浮かび上がりました。（自由回答のため合計値は100％を上回っています）。

①〝評価への怒り〟が退職の原動力となっている「評価不満型」62・8％

②業績悪化などを理由とした「環境変化型」42・3％

③介護などの個人的事情による「プライベート型」14・6％
④起業やIターンなどの「自己変革覚醒型」7・2％

影響力の大きさから考えると、不安、不満、怒りが生じない環境や風土をつくることこそ、優秀人材を雇用できる「選ばれる会社」になるための必要条件です。「会社への怒り」で会社を見限るようにして辞めていく人が大勢います。ただでさえ敬遠されるような会社に、優秀人材は集まりません。いかに優秀な人材を採用するかというテーマ以前に、優秀人材を辞めさせないように「バケツの穴」をふさぐ必要があります。

では、離職を抑止するために、会社としてどう対処すればいいのでしょうか。結論から言うと1to1の丁寧なマネジメントで、信頼感を醸成し続けていく以外の近道はありません。課題を潰していくほうが速く成長実感が持てる人材、得意な部分を伸ばすほうが成長が促進される人材など、やはり人それぞれ「成長のデザイン」が異なるからです。

個々の社員と向き合い、それぞれのキャリアプランの実現に寄り添いながら必要な軌道修正を行っていく。そうした丁寧でキメ細かい打ち手が必要不可欠です。

「求める人材要件」を正しく設計できている企業は少ない

筆者は、30年以上中途採用事業に携わってきた中で、1万社を超える企業の求人広告や求人票を作成し、採用にあたって人材要件をインタビューする経験をしてきました。日本では長期雇用を前提とした総合職を採用する方法が一般的であるため、企業が設定した人材要件が多くの場合、あいまいで、明確な定義がなされていない状況であると感じています。

企業が採用で最も重視するポイントは「性格・人柄」の観点で、中でも「コミュニケーション能力」「主体性」「明るさ」「素直さ」「協調性」などが高い割合を占めています。また、中途採用の多くが、戦略的採用ではなく、欠員補充型の採用であることもあり、募集ポストと同じ職務経験は重視されますが、その分、経験は薄くても学ぶ姿勢が高い人材などは見過ごされやすくなっています。

この「人材要件定義の曖昧さ」は日本の採用における大きな課題です。この点が整理できていないと、下記のようなことが起きてしまいます。

・求職者に届けるメッセージがブレる
・求職者に会社を知ってもらう方法がズレる
・募集要項が曖昧で想定と異なる人からの応募が発生する

また、採用選考の場面で何を評価すれば良いかがわからないため、入社後に活躍できる人材を獲得する確からしさは低下してしまいます。また、面接官が求める人材要件を明確に理解している場合でも、相性やバイアスなどにより数十分の面接で将来のパフォーマンスを完璧に予測することは非常に困難なことも課題として挙げられています。

多くの企業が「コミュニケーション能力」や「主体性」などを重要視していることは候補者側にも知られているため、候補者サイドも「優等生的な正解」を事前に用意できてしまい、本質的な見極めが成立しないことも多々あります。

とはいえ、求める人材要件の明確化は簡単ではありません。人事だけでなく、現場のプレイヤーの視点なども借りながら、複眼で作り上げていくことが近道になるかもしれません。

また、人材要件を設計する前提なのですが、人事戦略と事業戦略が紐づいていないケースも意外に多いので注意が必要です。

特に大企業になればなるほど、人事部門が描いている人事上の戦略と、事業経営の戦略がまったくの別物として連動しておらず、「採用・配置・育成・評価・代謝」という人事戦略全体が部分最適化してしまったりすると、経営自体が不全に陥るリスクもあります。

「求める人材像」ペルソナの設定方法

「採用したい人材像を明確化」するためには、ペルソナを活用する方法があります。ペルソナとは、ある架空の人物を理想的な候補者と仮定し、その人材像を言語化する作業を指します。

ペルソナを活用することで、どんな求職者がどんな企業に魅力を感じているのか、その求職者を引きつけるキーワード、求人票に何を書くべきかが見えてきます。その結果、メッセージに一貫性が生まれ、採用に関係するスタッフ全員が目線を合わせることも容易になります。

ペルソナ作成で想定すべき項目例は次のようなものです。

経歴……雇用状況／学歴／これまでのキャリア／希望勤務地／性格
経験……これまでの役職／保有スキル／成功・失敗体験
目標……キャリアの目標／プライベートな将来像

モチベーション……価値観・人生観転職への影響要因
行動……求人情報との接点（WEB／人的ネットワーク／デバイス・アプリ）

これらの項目を想定し言語化していくことで「自社が採用したい人材像」がリアルな人間像として浮き彫りになります。ペルソナ設定をよりスムーズに行うために以下の観点を参照ください。

1 社内で活躍している優秀人材から想定する
2 データを利用して情報収集の接点を知る
3 採用担当者と求める人材像について議論を深める
4 同業他社など業界の採用トレンド情報を集める

ペルソナの描き方1　優秀な人材から人物像を想定する

社内でトップ集団にいる従業員に共通する因子を見つけ出し、そこから理想的な候補者像を想定していく方法です。たとえば次のような分析軸が考えられます。

・教育（学歴／資格／学位）

・勤務地（異動歴／転勤パターン）

・職歴（業種／過去に勤務した企業の規模／過去のキャリアにおける任期）

ペルソナの描き方2
データを利用して情報収集の接点を知る

理想的な候補者と接点が持てるのはどんな採用経路かを探ります。

求人サイト、SNS、indeed検索、エージェント、採用HP、リファーラル、イベントなど、どの経路から接点を持った人が最も活躍しているかまでたどっている企業は少ないはずです。

優秀な実績を持つ従業員たちが採用時に利用したチャネルを調べてみる方法は有効です。

ペルソナの描き方3
採用担当者と求める人材像について議論を深める

採用担当の実務を行う担当者と求める職務の責任範囲や、期待する資質、業務の優先順位、社風に適した志向・価値観などについて詳細を徹底的に話し合います。次のような観点を掘り下げる方法があります。


「候補者が自社に対して質問したいことの内容や重みはどんなものか？」

「もし内定を出した場合に辞退されるとしたらどんな理由がありうるか？」

「候補者に最優先で求める資質は何か？」

「本人のキャリアゴールに向けて、自社での職務は役に立つかどうか？」

ペルソナの描き方4

同業他社など業界の採用トレンド情報を集める

メーカー、商社、ITなどの業界やエンジニアやマーケター、人事など、職種ごとに優秀な人材の要件は異なります。同業他社で求められる業界特有の人材の特徴などを理解することも役立ちます。

ポイントとして、次のような問いを持って調べるとよいでしょう。

・この職業に就いている人たちの平均的な学歴や知識レベルはどうか？
・どのくらいの頻度で転職しているか？
・どんな役職や職種の仕事を探しているか？
・業界でトレンドとなっている求人検索キーワードは何か？
・競合他社は、同職種の募集をどんな手段で行い、成功しているか？

そのようにして求める人材要件が設計できたら、以下のような手順で採用プロセスを進めていくのが現状の一般的な形です。

■「働きごこちの魅力因子」から活躍している人材の志向・価値観を探ることも可能

求める人物像に刺さるメッセージが言語化できているか？

報酬は十分か？	+	環境条件はマッチするか？	+	経験・スキルはマッチするか？	+	働きごこちはマッチするか？
月収は？ 年収は？ インセンティブは？		勤務地は？ 勤務時間は？ 休日休暇は？ オフィス環境は？		年齢は？ 経験は？ 資格や技術は？		志向は？ 価値観は？ 理念や夢は？

採用広報プロセスの基本的な手順

①求める人材要件を明確化
②求める人材の視界から見て自社の魅力となりうる強みを整理
③具体的な情報で求人票・求人広告を作成
④自社のビジョンや存在意義を伝える企業情報を作成
⑤企業文化・社風・行動規範などを表現する風土情報を作成
⑥自社Webサイト、求人サイト、人材紹介会社で広く発信

■『求人情報提供システム』における働きごこちの魅力因子

				【魅力因子】	【質問項目】
仕事項目	誰に(対人)	①仕事の相手	1	関係拡大因子	できるだけ多くの人・企業と広く関わる仕事をしたい
			2	関係狭深因子	限られた人・企業と関わる仕事をしたい
			3	開拓因子	新規の人・企業との関係を開拓する仕事をしたい
			4	深耕因子	既存の人・企業との関係を深く耕す仕事をしたい
		②自分の役割	5	統率因子	仕事を通じて、人や組織を統率したい
			6	接続因子	仕事を通じて、人と人をつなぐ場をプロフュースしたい
			7	育成因子	仕事を通じて、人を育てたい
			8	単独因子	できるだけ人に干渉されず、人に干渉せず仕事をしたい
	何を(内容)	③仕事が担う機能	9	経営因子	事業・組織戦略などを広く考える仕事をしたい
			10	分析因子	デー タや状況などを細かく分析・探求する仕事をしたい
			11	創造因子	新しい事業や、商品・サービスを提案・創する仕事をしたい
			12	明快因子	ある一定の、明確な課題を解決する仕事をしたい
		④仕事が扱う対象	13	先端因子	新しい技術やテーマを扱う仕事をしたい
			14	過去因子	過去の経験を体系化してまとめ、今後に活かす仕事をしたい
			15	嗜好因子	自分の好きな業界・商品に関わる仕事をしたい
			16	複雑因子	複雑で困難な課題を扱う仕事をしたい
	どの様に(様式)	⑤仕事のプロセス	17	変革因子	従来のやり方を変革させながら仕事を進めたい
			18	手順因子	マニュアルや手順を守りながら仕事を進めたい
			19	論理的因子	ものごとを論理的に考えながら仕事を進めたい
			20	感性的因子	物事を感覚的にとらえながら仕事を進めたい
		⑥仕事の性質	21	長期因子	長い期間をかけて根気よく取り組む仕事をしたい
			22	短期因子	短い期間でスピーディに進める仕事をしたい
			23	奉仕因子	人や社会から喜ばれる仕事をしたい
			24	勝利因子	勝ち負けのはっきりする仕事をしたい
		⑦仕事の結果	25	影響因子	仕事を通して人や組織、社会に大きな影響を与えたい
			26	専門因子	仕事を通して自分の専門分野を極めたい
			27	成長因子	仕事を通して常に自らを高めていきたい
			27	軌跡因子	仕事を通して明確な足跡を残したい
	どこで	⑧活動範囲	29	社内因子	業務内容が自社内で閉じられた立場で仕事をしたい
			30	狭域因子	狭い地域や範囲に限定された立場で働きたい
			31	広域因子	異動が多く、広い地域や範囲を股にかける立場で働きたい
			32	グローバル因子	海外に異動したり、外国と深く関わる立場で働きたい
組織項目	組織	⑨ロイヤリティ	33	理念因子	理念やビジョンの明確な組織で働きたい
			34	ステイタス因子	ブランドや知名度のある組織で働きたい
			35	財務基盤因子	財務状態が健全な組織で働きたい
			36	顧客基盤因子	顧客から広く支持されている組織で働きたい
		⑩企業モード	37	草創環境因子	ゼロから作り上げ喜びのある組織で働きたい
			38	成長環境因子	事業が急激に成長している組織で働きたい
			39	多角環境組織	多様な領域に事業を広げている組織で働きたい
			40	安定環境因子	環境が安定しており、変化の少ない組織で働きたい
	風土	11価値観	41	仕事量重視因子	仕事そのものを重視する組織で働きたい
			42	生活重視因子	仕事だけでなく、個人の生活を重視する組織で働きたい
			43	脚光注目因子	人からの注目や脚光を浴びることができる組織で働きたい
			44	競争因子	周囲の人と、互いに競い合う風土の組織で働きたい
		12行動様式	45	自由因子	ルールの少ない自由で柔軟な風土の組織で働きたい
			46	規律因子	命令系統が明確で規律を重視する風土の組織で働きたい
			47	行動重視因子	スピードや行動を重視する風土の組織で働きたい
			48	標準化因子	効率性を重視する風土の組織で働きたい
	人間関係	13人的要素	49	同類因子	同じ志向や能力、行動特性を持つ人が集まった組織で働きたい
			50	異能因子	異なる志向や能力、行動特性を持つ人が集まった組織で働きたい
			51	結束因子	一体感やチームワーク、団結力のある組織で働きたい
			52	尊敬因子	尊敬できる経営者や先輩、仲間のいる組織で働きたい
		14コミュニケーション	53	解放因子	誰とでも隔たりなくコミュニケーションの取れる組織で働きたい
			54	心情因子	人の気持ちを大切にしたコミュニケーションの取れる組織で働きたい
			55	合理因子	無駄のない、合理的なコミュニケーションを取る組織で働きたい
			56	友好因子	お互いにフレンドリーなコミュニケーションの取れる組織で働きたい
		15環境	57	快適因子	美しい職場・必要設備の整った組織で働きたい
			58	独立因子	いずれ独立しやすい組織で働きたい
			59	昇進因子	昇進・昇格しやすく、若くして権限を持つことの出来る組織で働きたい
			60	学習因子	育成体系や教育制度の充実した組織で働きたい
	制度	16評価	61	明確評価因子	評価基準の明確な組織で働きたい
			62	成果評価因子	自分の業績や成果が高く評価される組織で働きたい
			63	過程評価因子	成果だけではなくプロセスが評価される組織で働きたい
			64	プレイング因子	スペシャリスト等、コース別の評価がされる組織で働きたい

(2004年5月31日：株式会社リクルートホールディングス：黒田真行 、前原佳世子 、鈴村浩之 、森川晶 、高畑裕一)

「ポータブルスキル」の観点を活用する

経験やスキルだけでなく、「コミュニケーション能力」「主体性」「明るさ」「素直さ」「協調性」などを前提として募集する際に、強く意識しないうちに出てくる人材要件の一つが「とりあえず35歳までにしておく」という年齢要件です。

かつての日本企業は年功序列で、年齢が高い人＝高賃金という傾向が長く続いたことや、企業によっては過去にミドル・シニアを採用してうまくマネジメントできなかった失敗体験のトラウマがあるケースもあって、30代後半以上のミドル世代の活用があまりにも進んでいない現状があります。

同じように学歴や、社歴、職歴など、本来、業務上で求められる人材要件とは関係性の薄い人材要件が設定されてしまっていることが多々あります。

自社の事業を推進していく上では、募集時に「本当に年齢的な制限や学歴ラインは必要なのかどうか？」あるいは「同業界・同職種の経験者でなければ任せられない業務なのかどうか？」という観点は、必ず徹底的に検討していただきたいと思います。

■ポータブルスキルの構成要素

専門知識
専門技術

＋

仕事の仕方

成果をあげるために重要な行動		職務進行上、特に重要であるもの
課題を明らかにする	現状の把握	課題設定に先立つ情報収拾の方法や内容、情報分析など
	課題の設定方法	設定する課題の内容 （会社全体、事業・商品、組織、仕事の進め方の課題）
計画を立てる	計画の立て方	計画の期間、関係者・調整事項の多さ、前例の有無など
実行する	実際の課題遂行	本人の役割、スケジュール管理、関係者、柔軟な対応の必要性、障害の多さ、成果へのプレッシャーなど
	状況への対応	柔軟な対応の必要性、予測のしやすさなど

人との関わり方

対人マネジメントで重要なこと	職務遂行上、特に重要であるもの
社内対応 （上司・経営層）	指示に従う必要性、提案を求められる程度、 社内での役割期待など
社内対応 （顧客、パートナー）	顧客、取引先、対象者の数、関係の継続期間、 関係構築の難易度など
部下マネジメント （評価や指導）	部下の人数、評価の難しさ、指導・育成が必要なポイントなど

一般社団法人人材サービス産業協議会『厚生労働省委託事業「平成26年度キャリアチェンジのための汎用的スキルの把握方法の検討及びキャリア「コンサルティング技法開発等の実施」』より抜粋

■転職後に活躍している人の割合

	同業種	異業種
同職種	48.6%	49.4%
異職種	51.5%	47.7%

一般社団法人人材サービス産業協議会
「中高年ホワイトカラーの中途採用実態調査」（2013年）より

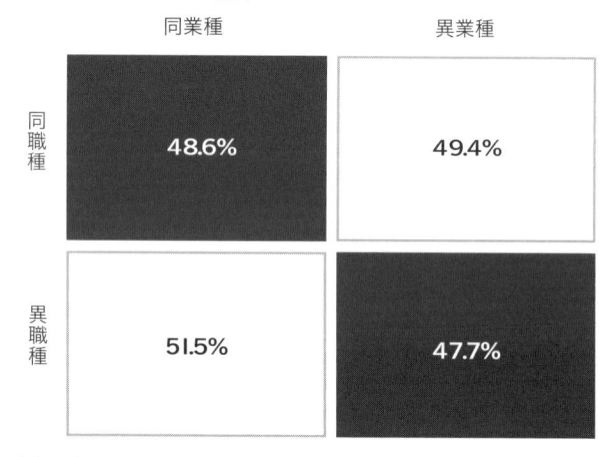

また、一般社団法人人材サービス産業協議会が厚生労働省の委託事業として取りまとめたポータブルスキル活用の考え方をぜひ参考にしていただきたいと思います。「ポータブルスキル活用研修・講義者用テキスト」には、次のようにまとめられています。人と求職者のマッチングの観点として、従来、重視されていた専門知識や専門技能だけでなく、仕事の仕方・人との関わり方というポータブルスキルがとても実用的だという内容です。実際に中途採用を行った企業の中で、活躍している人の出現率を聞いたところ、経験業界や経験職種と入社後活躍度はまったくと言っていいほど相関がないこともわかったそうです。

ポータブルスキルを用いた視点での採用は、専門知識や専門技能といった専門能力に加えて、仕事の仕方・人との関わり方を把握することになるため、リアルな職務遂行能力に焦点をあてた採用が可能になります。

また、ポータブルスキルの観点は、人事評価指標に近い性質があるので、入社後に活躍できる可能性が高い人を獲得しやすくなります。「即戦力を採用したい」と考えたとすると、つい「同業種・同職種の経験者を狙いにいく」ことになるところを、もう少し深掘りして、今まで出会えなかった有能な人材と出会える条件を見つけることができるかもしれません。

もう一つのデータは、「採用時の決め手となったポイント」と「採用時にもっと評価して

■中高年ホワイトカラーの採用実態

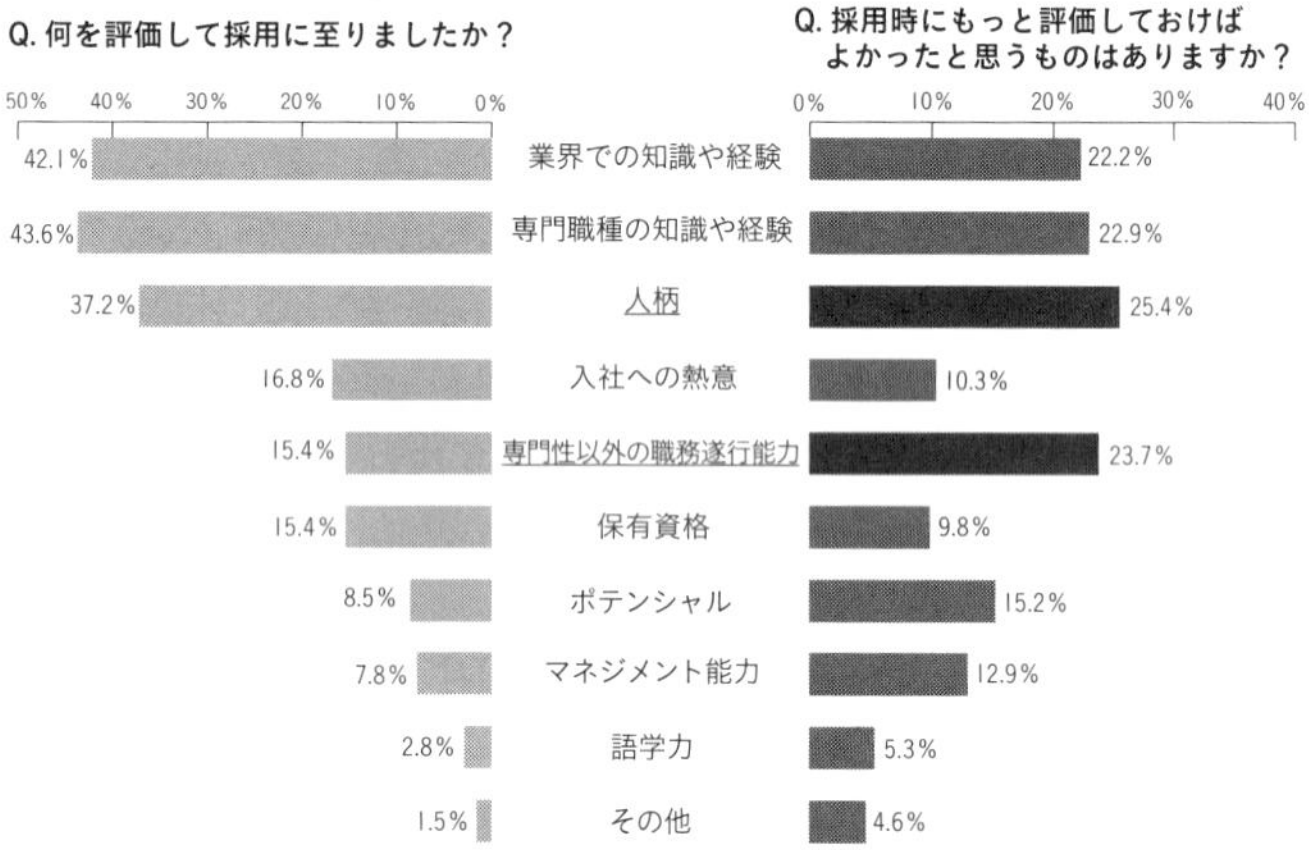

一般社団法人人材サービス産業協議会「中高年ホワイトカラーの中途採用実態調査」(2013年)より

おけばよかったポイント」を示したものです。

左側の「何を評価して採用に至りましたか？」を見ると専門職種や業界の知識や経験の割合が高いのですが、右側の「採用時にもっと評価しておけばよかったと思うものはありますか？」を見ると、「人柄」や「専門性以外の職務遂行能力」の割合が高く、これらがいかに採用後の活躍に大きな影響を及ぼしているかが読み取れます。

これらの結果からも、入社後に本当に活躍できる人材を見極めるには、その業種や職種の専門知識・技能だけでなく、その人がどのような仕事の進め方をするのか、どのように人と関係を構築していくのかといった点も、しっかり見ていく必要があると言えます。

募集段階から、「仕事の仕方」「人との関わり方」を可視化し、それぞれについてその業務において必要不可欠なポイントを整理しておくことをお勧めします。

自社に合った「採用手法」と採用プロセスの「手順化」

日本における社会人の中途採用の主な決定経路と決定人数を概観としてまとめたものです。左サイドの「人材紹介」と「求人サイト」が有料のサービスで、「縁故（≒リファーラル）」と「ハローワーク」、および「自社ホームページ」がコストのかからない経路としてあらわされています。

どの経路を用いるかは、経路ごとの特徴を以下の観点で比較検討して、職種ごとに決めていくことが一般的です。

①その経路で接触できる人材の質
②その経路で接触できる人材の量
③その経路を使うことにかかる手間

■中途採用の決定経路の全体イメージ

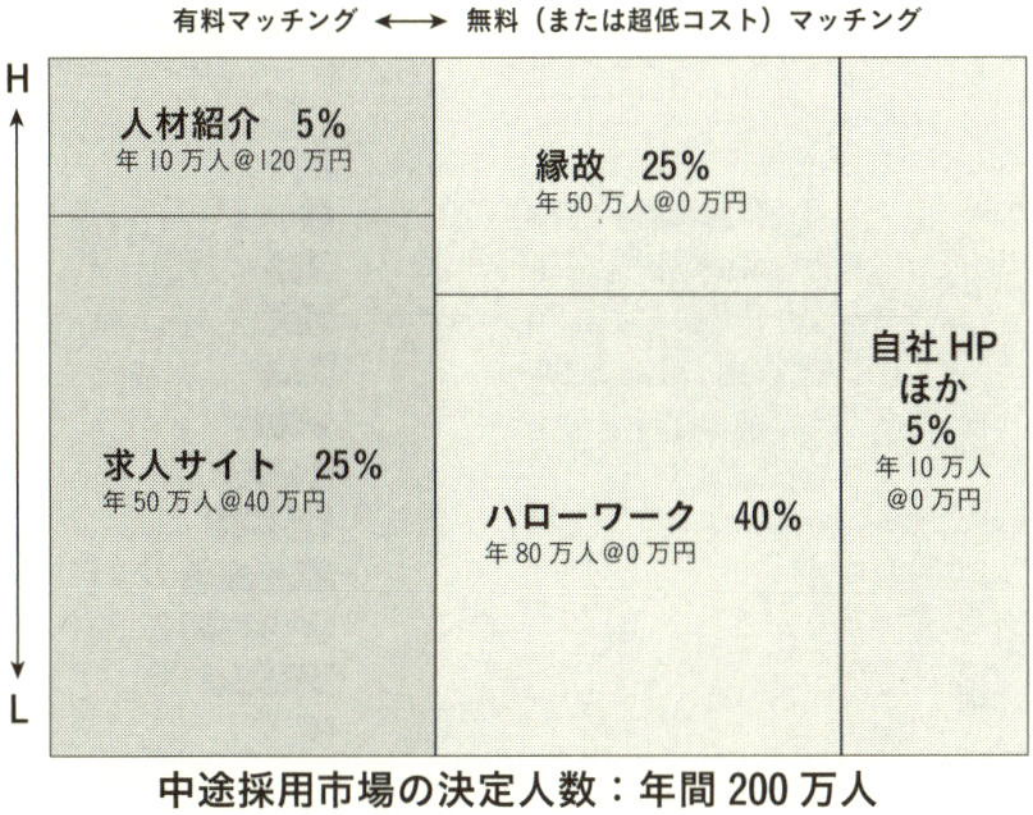

作成：黒田真行

④その経路を使うことにかかるコスト
⑤採用予定人数を採用成功できるまでの時間

相対的に年齢が若い人材採用数が多く、比例して相対的な年収水準も低いゾーンは、全国くまなくサービスを受けられるハローワークが圧倒的な採用ルートとなっています。

ハローワークに次ぐ第2位にあたる経路が「縁故」です。英語で表現すると「referral（リファーラル）」ということになります。2010年以降は、ソーシャルメディアの登場によって、この縁故ルートのパワーが増幅されるようになり、一部の外資系企業やIT・Web系、ベンチャー企業群の間では徐々に一般化してきている状況です。

「人材紹介」経由での採用決定数は、20年前は

■人事が検討している中途採用の手法

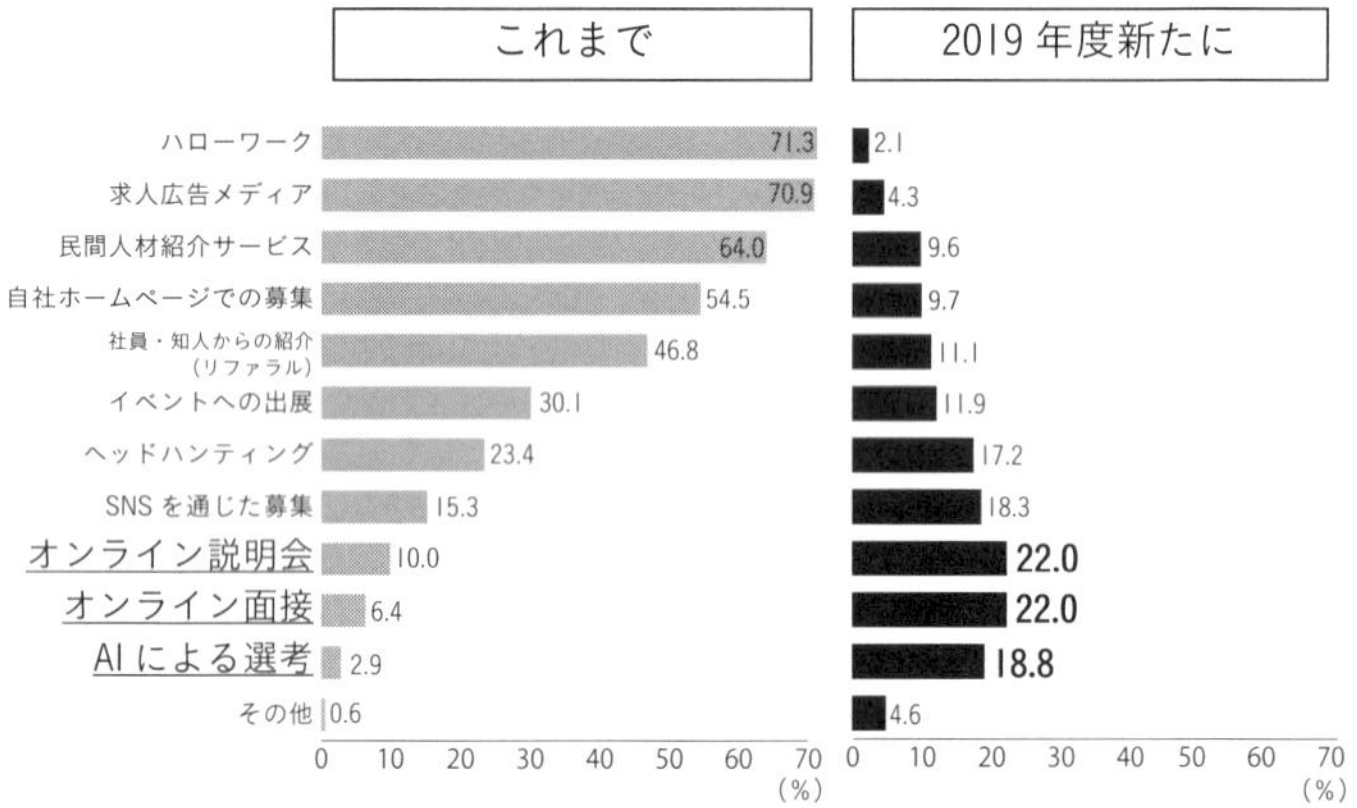

リクルートキャリア「2019年度中途採用の計画」調査（2018年12月13日）

年間1万人未満だったものが、今では15万人に迫ろうとしているほど急激に伸びています。そのぶん「求人広告」ルートの決定数割合が減少している可能性があります。

ただ、「人材紹介」の決定人数の中に、「求人広告サイト」に登録した求職者データベースへのスカウトからの決定人数が相当数含まれている構造となっていて、この2大有料サービスの垣根は、年々薄くなっている状況です。

これが規制緩和やツールやインターネットの進化によって起こっている地盤変化です。マクロの話なので一社一社の採用には直接関係ないように見えますが、ここの採用にも確実に影響は及んでいます。

優秀人材の〝選職行動〟の変化とは？

インターネットの登場によって、情報の非対称性が希薄化したために、優秀な人材の転職行動にも変化が生まれています。特に検索で転職活動をスタートすることが一般化してきた中で、求人を検索する際のキーワードが先鋭化している状況があります。

マニアックな専門用語での検索は当たり前ですが、自分にとって必要な情報を引き寄せる技術……ブックマーク履歴や、検索するキーワードによってリターゲティング広告で自分が興味のある情報が自然に集まってくる環境を作るなど、自分にとって必要な情報を収集する方法が進化しています。

逆にそういう情報感度の人材に対して、企業側の求める条件で大量のスカウト型ダイレクトメールを送信したり、検索結果上の広告などのパワーブランディングをすればするほど、〝必要のない情報を見せつけられた〟というネガティブな体験となり、マイナス効果を生むリスクも高まっています。

求職者側が情報選別の主導権を持つ時代に、いかに納得感を獲得できるかが重要で、採用経路への信頼度や募集企業の印象値を決定づけることにつながっています。

2010年代以降の傾向として、仕事探しの軸が可視化された報酬などの条件だけではなく、「意味報酬」とよばれる「心理的な付加価値」で仕事選びの意思決定をする人材が増え始めています。自社の事業の社会的な価値や、世の中に対して提供していきたい貢献などをしっかりと訴求することで、優秀な人材との接点づくりができる可能性は高まっています。

また、報酬という観点では、仕事を通じて得られる「自己の成長」というプレミアムに価値を見出す人も増えています。

見かけの給料は低くても、より成長可能性が高い仕事を選ぶというようなケースです。短期的な金銭報酬よりも、成長することで得られる長期的に稼ぐ力を重視するということだと思われます。

「成長支援」というキーワードは一つ、いわゆるホワイトカラー・エンジニア領域の優秀人材への魅力度を上げるためのキーワードとして有効な観点ではないでしょうか。

採用手法の変化に、人事はどう対応していくべきか？

1990年代後半のインターネットの登場によって、人材登録データベースが登場し、求職者が可視化されたことで浸透したスカウト型サービスや、2000年代後半からのSNSの登場に連動する形で一般化したリファーラル採用などは、人事採用部門にとって負荷が高まることにつながったケースもあります。

採用手法の進化と多様化は（中途採用領域に限ったことではありませんが）特に採用に関わる人員数を十分に確保できない人事採用部門にとっては、必ずしもいいことばかりではないかもしれません。

また、手間を軽減するためにRPOなどの採用代行関連サービスの活用も広がっていますが、これも採用関連コストの上昇に直結するものです。

既存の広告メディアの効果保証のない掲載課金型のデメリットや、成果報酬だが推薦保証のない人材紹介に不満を感じていた場合は、新たなサービスが登場するたびに試行錯誤を繰り返すことになりますが、そこで重要なことは、小さな成功や失敗で得たナレッジを資産として残し、知恵を積み上げていくことではないかと思います。

企業によっては、新たな方法に真っ先に取り組んでも振り返りをせずにやりっぱなしになっているケースや、採用担当者の人事異動でせっかくの学びが継承されず、同じ失敗を繰り返してしまうもったいないケースも散見されます。

サービスの新旧に関わらず、どんな企業や、どんな職種にも、すべてにおいて最初から万能な採用手法は今のところありません。変化が激しくなっていくからこそ、トライ&エラーやＡＢテストを繰り返しながら、自社に合った中途採用の方法論を探求し、磨き上げていく体制づくりが重要ではないかと思います。

第7章

リクルーティングビジネスの未来シナリオ

リクルーティングビジネスの市場規模見立て

ここまで、リクルーティングビジネスの過去、現在について論じてきました。

1999年に、改正職業安定法が施行され、人材紹介の取り扱い職種などは大幅に規制緩和されて以降、ネット求人広告、人材紹介という二大ビジネスモデルが長らく主役だった業界に、2010年以降、ソーシャルリクルーティング、アグリゲーション型求人検索エンジンといったビジネスモデルが、従来のリクルーティングビジネスとは異なるビジネスモデルで参入してきました。そして、indeedを始めとするアグリゲーション型求人検索エンジンが業界のディスラプターとして影響力が大きくなっていることを示唆しました。

それでは、今後リクルーティングビジネスはどのようになっていくのでしょうか。

先述の通り、矢野経済研究所の調べでは、ネット転職情報サービス（本書では「ネット求人広告」と表現しています）が2017年度1020億円、人材紹介業（ホワイトカラー）が2017年度2570億円とあり、図7-1、7-2で示したものが、ネット転職情報サービス、人材紹介業における今後の市場規模の予測となります。リーマンショック後、順調に復活してきたリクルーティングビジネスですが、次の5年も、成長スピードは鈍化するものの、堅調に伸びていくというのが矢野経済研究所の試算です。

このように直近は引き続き市場が伸びていくのではないかという予測もありますが、さらに先の未来を想定したときにリクルーティングビジネスを取り巻く環境はどのように変化していくのでしょうか。

ここでは、リクルーティングビジネスの未来シナリオと題し、2030年のリクルーティングビジネスを考えていきたいと思います。

■7-1.ネット転職情報サービス市場規模予測

注 1. 事業者売上高ベース
注 2.2018 年度以降予測値（2018 年 10 月現在）

（出所）株式会社矢野経済研究所「2018年版人材ビジネスの現状と展望」

■7-2.人材紹介業市場規模予測

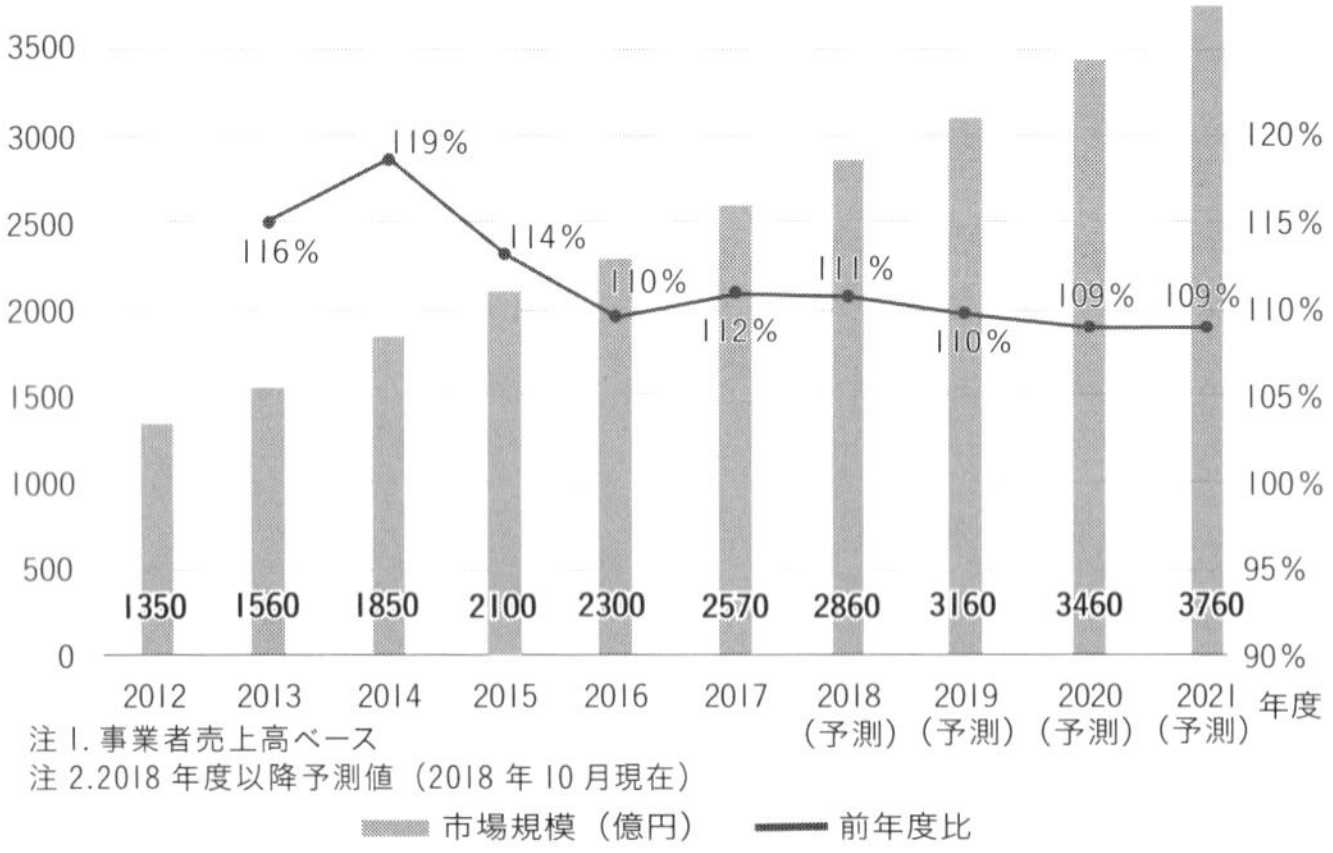

注 1. 事業者売上高ベース
注 2.2018 年度以降予測値（2018 年 10 月現在）

（出所）株式会社矢野経済研究所「2018年版人材ビジネスの現状と展望」

2030年の働き方

少子高齢化とテクノロジーの進化

リクルーティングビジネスの未来シナリオの前に、そもそも2030年では、どのような働き方になるのかについて考えていきます。2030年の働き方を考える上でのメイントピックは「さらなる少子高齢化」と「テクノロジーの進化」だと思います。

まず「少子高齢化」についてですが、人口の減少、少子高齢化により、間違いなく就労人口が減っていくことになります。図7－3は中小企業白書から抜粋した年齢別人口推計の推移ですが、これを見てわかる通り、2030年はもちろん、この先就労人口は減っていくことになり、方向性として、特に人材獲得難の時代に向かっていくことになります。

少子化と同時に高齢化、つまり「人生100年時代」に本格的に突入していくわけですが、その時には、20歳前後で働き始め、70歳以上のリタイアまで職業寿命が50年を超える

■7-3. 年齢別人口推計の推移

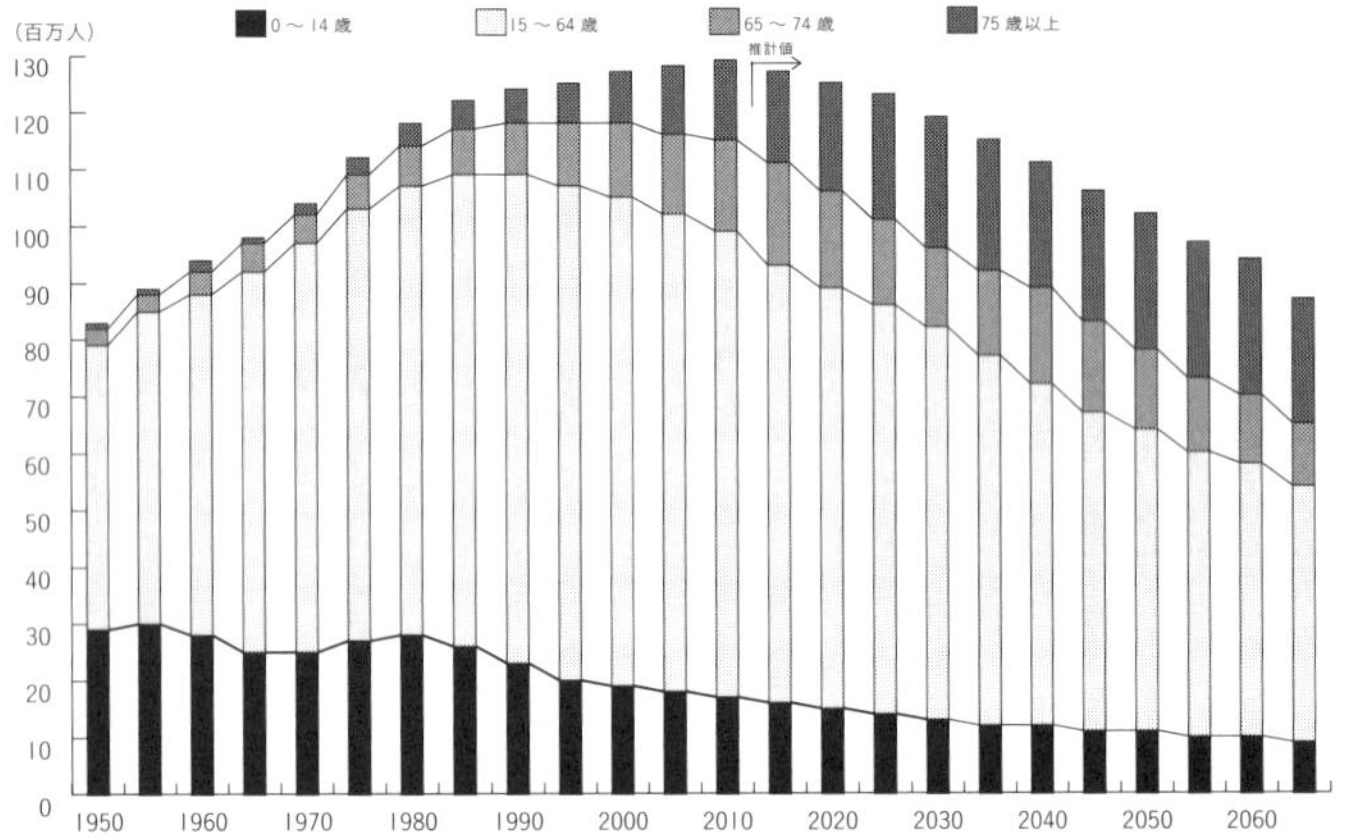

資料：総務省「国勢調査」、国立社会保障・人口問題研究所「日本の将来推計人口」(平成29年推計)

(注)1.2016以降は、将来推計人口は、出生中位(死亡中位)推計による。

2.2010年までは総務省「人口推計」、2015年は総務省「国勢調査」(年齢不詳をあん分した人口)による。

世界を迎えます。

一方で、ビジネスのスピードが増し、企業の統廃合などが拡大する中で企業の平均寿命は短くなっていて、倒産企業の平均寿命も20年程度と言われており、今後も増々短縮する可能性が高くなります。となると、人が働く職業寿命が50年に対し、企業寿命が20年程度なので、当然これまでのように終身雇用で一社でキャリアを全うすることは難しくなってくるといえます。

一方で、テクノロジーの進化も同時に起こります。

野村総合研究所の試算によると、日本の就業者のうち49%が人工知能やロボットなどで代替可能としており、テクノロジーによって仕事がなくなるのではないかとも言われています。実際には仮に今ある仕事が無くなったとしても、逆に今はない仕事が生まれてくるので、テクノロジーにより人間が完全に代替されるということにはならないと思いますが、テクノロジーの進化に対応していくことは間違いなく求められていくでしょう。VUCAの時代と言われて久しいですが、今の保有スキルだけでは、その先長い期間働いていくことは難しく、スキルが陳腐化しないよう、変化していくことが求められます。

「人生二毛作」を前提としたキャリアプラン

ここまで述べてきた通り、少子高齢化、テクノロジーの進化が起こっていく中で、人生を通じて一つのキャリアだけを全うしていた時代から、複数のキャリアステージを生きる人生が当たり前化していきます。

これまでの「企業が従業員を保護する立場から社員個人個人のキャリアを考える」という社会から、個人個人が自分のキャリアに主導権を持って、自身のキャリアデザインをしていくという生き方、働き方に高速で対応していく必要があります。

今までは、経験社数が少なく、同じ会社で長く働くことが美徳とされてましたが、これからは逆に1社経験だったら、10社経験の人の方が様々な仕事、社風、価値観、変化などを体験している、という理由で評価される時代がくると思います。実際に、現在においても、大手企業1社経験のミドルシニアクラスの方が転職できない、転職先で苦労するということをお見掛けすることも多く、2030年には今まで以上に雇用の流動化は当たり前化していくことになるでしょう。

雇用形態の多様性
～インディペンデントコントラクターという働き方～

また、働き方も企業に雇われる働き方だけではなく、フリーランスとして独立したり、自ら起業する人、フルタイムの本業以外で副業をする人、いくつかの仕事を同時に持つ複業の人など様々なパターンに広がっていきます。

フリーランスの職種も、IT関連のエンジニア、クリエイティブな職種であるデザイナーや編集、ライター、そして教育、研究、建築などあらゆる専門職、さらには営業や人事、経理、一般事務など幅広い職種において広がっていくと言われています。

　雇用形態については、行き来が当たり前になり、会社員からフリーランスになったり、逆にフリーランスから会社員に戻ったりすることも増えていきます。むしろ、このように職種や雇用形態を変化させていくことで、よりしなやかで、変化対応力の強いキャリアになっていくのではないかと思います。

　LinkedIn創業者のリードホフマンの著書『アライアンス』にもあるように、人は企業とではなく仕事と契約し、かつ企業とも信頼で結びつく、変化に対応する新しい働き方、インディペンデントコトラクターが増加していくのではないでしょうか。

リクルーティングビジネスの方向性

このように2030年にはそもそもの働き方が大きく変化していく中で、リクルーティングビジネスはどのように変化していくのでしょうか。

リクルーティングビジネスを活用したい企業側の観点、求職者の観点で考えていきたいと思います。

企業ニーズ

企業がリクルーティングサービスを選ぶ際のニーズは、「自社にとって「優秀な人材」を、「手間なく」、「安く」、採用したい」ということに尽きます。

ただ、ここまで論じてきたとおり、この20年近くリクルーティングビジネスには低価格サービスがほとんどなかったため、「安く」という観点が弱く、つまり、自社にとって「優秀な人材」を「手間なく」採用したいということになり、結果として、そのニーズに応えている人材紹介が評価され、マーケットを伸ばしてきました。しかしながら、リクルーティングビジネスにおける新潮流として説明した通り、昨今、新しいビジネスモデルが出てきており、企業のリクルーティングサービスを選択する際の考え方も今後、変化していくでしょう。

現状のサービスでは、求人広告はまず母集団形成をして、そこから書類選考、面接などを経て絞り込んでいくことになりますが、採用工数が掛かること、前金を払って母集団形成をしたからといって必ずしもターゲットになる人材が集まるわけではないといったところは大きな課題となっています。

また、人材紹介はある程度フィットした人材に絞って紹介してくれるので、工数という観点では楽ですが、コストという観点では1名採用するのに年収の30～35%を成功報酬で支払うというのが一般的であり、コストが高いという印象があります。それなのでシンプルな仮説としては、企業にとって「優秀な人材」を「手間なく」、「安く」採用できるサービスが出てくれば、今後は既存の二大人材サービスである求人広告、人材紹介からシェアを奪うことができると考えられます。

求職者ニーズ

リクルーティングビジネスに対する求職者ニーズは、その人の状況によって大きく異なりますが、ステップとして、大きく3つに分かれ、一つ目は自己のキャリアの方向性に関する情報収集、二つ目は具体的な企業・案件探し、三つめは転職活動支援の3ステップとなります。

一つ目の情報収集で代表的なことは、友人・知人やプロのエージェントを介した転職のタイミングや適職の相談があります。

今の会社について不満、不安は明確であっても、肝心のやりたいことが明確になっていなかったり、逆に今の会社に不満はないが、もっとやりたいことがある。また、なんとなく将来について不安があったり、このままでいいのかとモヤモヤしていたりするなど様々なキャリアについての悩みに対して、誰かに相談したいというニーズです。

転職は非日常のイベントごとなので、経験豊富な人はおらず、情報の非対称性がある分野でもあるので、相談したいニーズは強いと言えます。

しかし、人材紹介のサービスでは、キャリア面談といっているところはありますが、転職前提になっていることが多く、その点は真の求職者ニーズと外れていることが多くなっています。それゆえに友人・知人などを通じた、リファーラルな関係性を通じたマッチングが注目されつつあります。ただ、一般の友人・知人を通じたリファーラルリクルーティングは、情報が大量に扱えないことがほとんどなので、相場観形成や案件のバリエーションという点では大きな課題が存在します。

二つ目の具体的な企業・案件探しは、転職意思が固まった人にとっては最も重要なバリューがあるものです。

求人広告であり、人材紹介であり、その他新しいサービスにおいても様々な形で情報提供していますが、大事なのは「自分のニーズに合った企業・求人」に出会えるかということになります。ここがリクルーティングビジネスの戦い処であり、一丁目一番地です。ここのUI、UXを高めることが求められ、また、情報の内容についても、何が本当なのかよくわからないという声は多く、OpenWorkなどの口コミサイトを閲覧しながら、企業選びを行っている人が多いのが現状です。

三つめは転職活動支援ですが、いざ行きたい企業、応募企業が決まったとしても、受からなければ選ぶことはできないので、転職のアドバイスや企業の深い情報提供などを教えて欲しいというニーズも強く、これは様々なインターネット情報から取ってくることもできますし、エージェントなどを介して、アドバイスを受けることもあります。

このように、求職者ニーズの3ステップに対して、全体を俯瞰して情報の非対称性を埋めてくれたり、フラットな立場でアドバイスしてくれるサービスは求職者価値が高いと言えます。

リクルーティングビジネスの方向性

企業、求職者のニーズを整理しましたが、それではリクルーティングビジネスはどのような方向に変化していくのでしょうか。

■7-4. これからのリクルーティングビジネスは「B to C to B」になっていく

【これまでのリクルーティングビジネスは企業に対する採用支援ビジネス（B to B to C)】

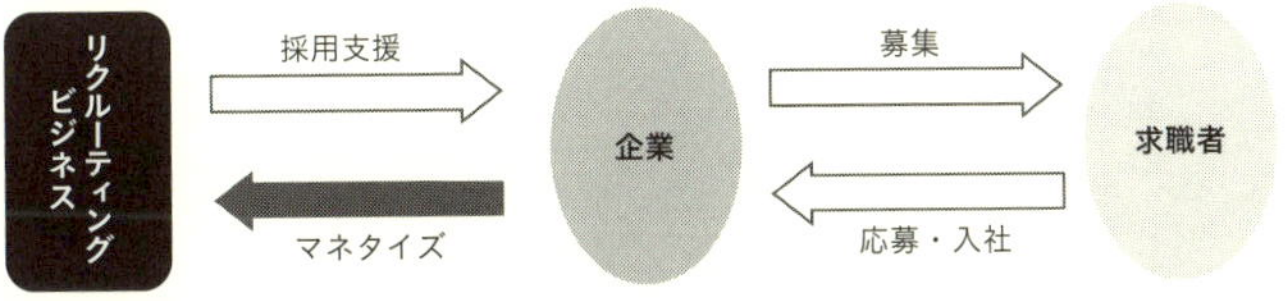

【これからのリクルーティングビジネスは求職者に対する転職支援ビジネス（B to C to B)】

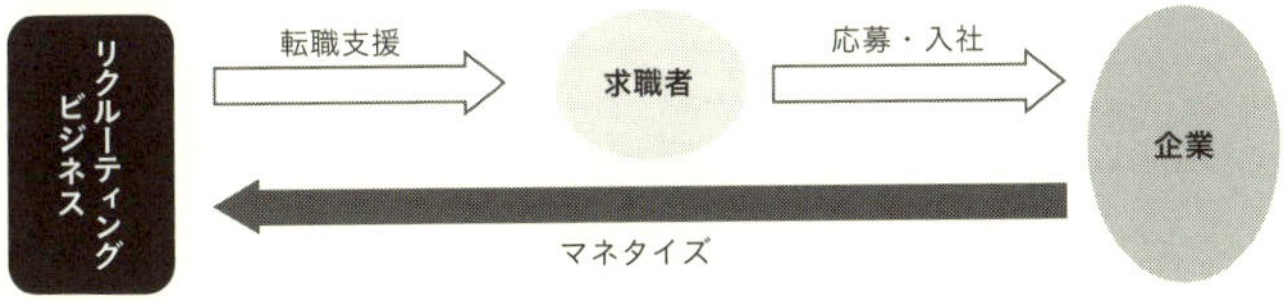

リクルーティングビジネスは上述の通り、サービスにお金を払う企業側起点で考えると、「自社にとって優秀な人材を、手間なく、安く」採用できるサービスが求められますが、中でも採用においては「自社にとって優秀な人材」ということが最も大事であり、そうでなければそもそも採用合意に至ることはないので、いかに手間がかからずコストが安くても意味がないということになります。それゆえ、企業にとって優秀な人材を集めることが求められ、その優秀な人材はどのようにすれば集まるか、つまり結局は求職者ニーズに応えられるかどうかが、存在価値を決定づける最重要指標となります。インターネットの登場によって、情報の非対称性が崩れたことで、そのパワーバランスの変化は加速しています。

整理すると、図7－4にあるようにこれまでのリクルーティングビジネスは、採用予定人数が多い大量採用企業に対して、より多く求職者を送客しようとする傾斜配分行動に代表されるような「B to B to C」の企業に対する採用支援ビジネスで、企業ニーズに対して直接的に答えようとする側面が強かったのですが、それでは多種多様な志向・価値観を持つ求職者ニーズに応えきることができません。

求職者の価値観・志向が多様化し、かつ（一部の高付加価値なニッチ職種を除いて）求人数に対して構造的に求職者数が多い中途採用の市場構造の中では、結果的に収益の源泉となる企業ニーズに応えるためにも、優秀な人材が集まるプラットフォーム構築する必要があります。そしてそのためには、個別多様な求職者ニーズに応えていくことが求められるということです。

つまり、今後のリクルーティングビジネスは「B to C to B」の求職者に対する転職支援ビジネスになっていき、求職者価値に応えてくことが、リクルーティングビジネスでプレゼンスを出すことになっていくでしょう。

リクルーティングビジネス戦国時代

価値の二極化が始まる

これまで見てきた通り、リクルーティングビジネスは主なビジネスモデルも、料金形態も、この20年大きな変化が起こっていない業界です。それが今、テクノロジーの進化、そして急速な働き方の変化により、大きく変わろうとしています。では、どのように変わっていくのでしょうか。

大きな流れとしては、少子高齢化の中で就労人口が減るということと、テクノロジーの進化により生産性が上がるということがぶつかり合うことになりますが、そんなに綺麗に相殺されるわけではありません。

買い手市場と売り手市場がハッキリ分かれてくることになります。

売り手市場である希少性、専門性が高い価値ある人材にはいくら払っても来てほしいと思う反面、テクノロジーで代替可能な職種やスキルの人材は明らかに買い手市場となり、どんどんサービスの低価格化、無料化がすすんで行く可能性が高いと思われます。その結果、リクルーティングビジネスも、大きく二極化が迫られることになるのではないでしょうか。

リクルーティングビジネスの提供価値

前述の通り、企業がリクルーティングサービスを選ぶ際のニーズは、「自社にとって優秀な人材」を、「手間なく」「安く」、採用したいとなります。つまり提供価値がここに刺さっている必要があるわけです。

一つ目が「自社にとって優秀な人材」となりますが、シンプルにここを追求していけるリクルーティングビジネスは生き残ると思います。なぜならば、これがリクルーティングビジネスの核であり、そもそもここを外してしまうと、採用に至らないので、当然サービス価値も無くなってしまうからです。

では、「自社にとって優秀な人材」というのは誰なのかということになりますが、それは大きく2つあります。一つは企業、組織、戦略などの課題解決ができる人材、もう一つは希少性の高い人材です。

一つ目の課題解決人材は、当然いろいろな職種、レイヤーにまたがりますが、傾向として幹部・マネジメント人材、ハイパフォーマンス人材、専門性・経験豊富な人材というところになります。

二つ目の希少性の高い人材とは、そもそも世の中の採用ニーズに対して、圧倒的に母数が小さく、採用したくても応募すら来ないような人材です。例えば、職種でいうとＩＴエンジニアやデータサイエンティストなどであり、また、ある業界・企業における特筆すべき経験を持つ人材なども希少性の高い人材だと言えます。

このような人材を採用できるリクルーティングビジネスがあるのであれば、企業は料金が高くても使いたいと思うのではないでしょうか。

二つ目の提供価値は「手間なく」という機能性であり、アウトソーシング価値であり、いかに生産性向上につながるかがポイントとなります。

採用という仕事は、正直、地味に手間がかかる仕事で、ここが楽になるというのも明確な提供価値です。

本来、人材紹介はアウトソーシング価値が高く、ターゲット人材に絞って紹介することで、人事の生産性向上に寄与するサービスですが、現状では、人材紹介でのご紹介にも関わらず、書類選考通過率、面接通過率が著しく低く、結果として応募からの決定率も当然低いというエージェントも多くいます。このようなエージェントはこれからの戦国時代においては、間違いなく介在価値が発揮できなくなっていくでしょう。決定率が低いということは、企業側の時間を奪っていると考えなくてはいけません。

また、RPO（採用代行サービス：Recruitment Process Outsourcing）も増えてきており、今後さらに伸びていくサービスの一つです。求人広告やアグリゲーション型検索エンジンなどはあくまで集客サービスなので、集まってから、採用に至るまでのプロセスにおいては人事が自分たちでやらなければならず、負荷が高いサービスとなっているからです。

三つ目の提供価値は「安く」です。

言うまでもなくこの世で最も安いプライシングは、無料です。今後はテクノロジーの進化、ソーシャルの進化などにより、無料でもさらに影響力のある発信ができるようになりますし、マッチングもテクノロジーによって最適化できるようになっていきます。

自社のオウンドメディアやSNS、リファーラルでの採用などが増えていきます。アメリカを始めとした海外では、リファーラル採用、ソーシャル採用がかなりの比率を占めていますが、日本でも同様にさらに伸びていくことになるでしょう。

では、有料サービスはどうでしょうか。一人あたり採用単価としてはアグリゲーション型検索エンジンやソーシャルリクルーティングが安いサービスとなり、人材紹介が一番高い。これは「手間なく」と「安さ」のトレードオフとなります。

「安さ」をチョイスする条件は採用できるかどうかなので、無料や低単価チャネルで採用できるターゲットについては、旧来型の求人広告や人材紹介は使う必要がなくなっていきます。

リクルーティングチャネル選択

ターゲットレイヤーにおけるチャネル選択

第6章でも述べましたが、企業が採用チャネルを選ぶ際に重要なことは、採用したいターゲットにフィットした採用チャネルを選択することです。ここまで論じてきたとおり、リクルーティングビジネスといってもいろいろなサービスがあります。採用ターゲットレイヤーに対する、各ビジネスモデルのカバーレイヤーを示したのが、図7－5となります。

まず、論点をレイヤーで二つに分けてみます。一つは部長、課長といったいわゆるマネジメント層以上の採用と、二つ目はプレイヤー領域の採用です。

一つ目のマネジメント層以上の採用においては、当面、状況は大きく変わりません。この領域は元々求人をオープンにせず、非公開で進めることが多く、会社にとっても重要なポジ

■7-5.採用ターゲットレイヤーにおけるチャネル選択

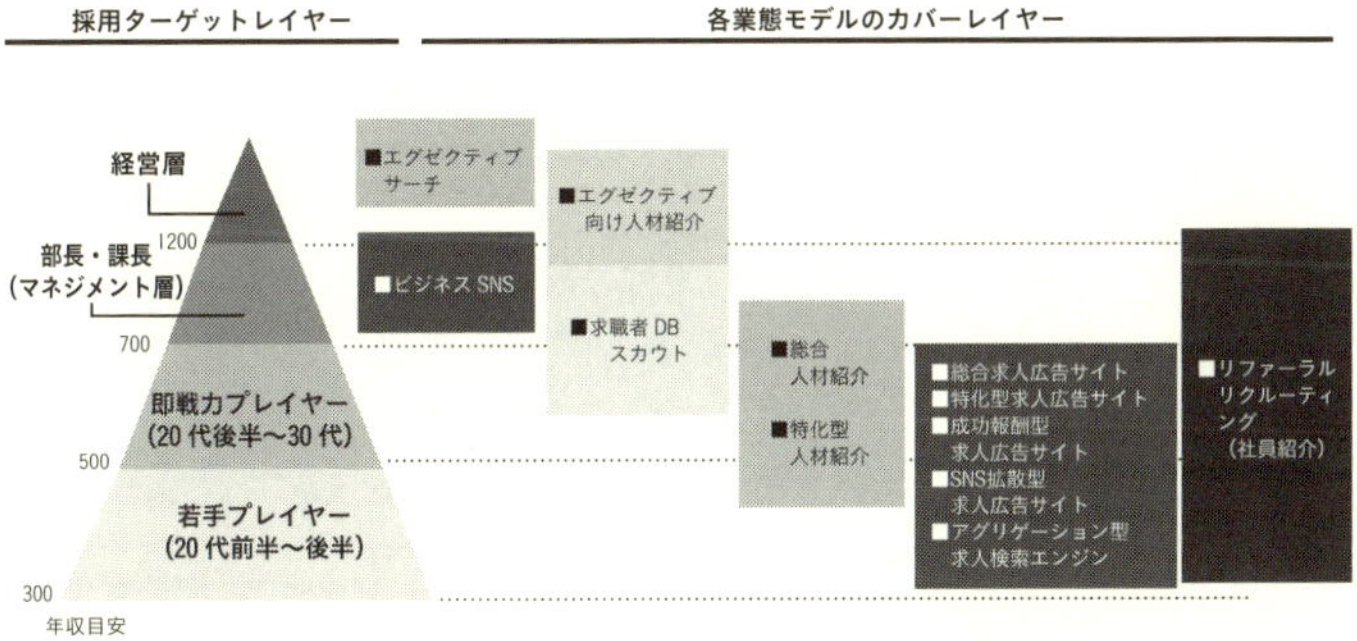

ションです。かつ、戦略にも関係することも多く、情報公開すると社内外に影響が出るためです。つまり、インターネット上に求人公開されることは多くありません。また、前述の通り、会社の戦略推進上、重要なポジションであるため、フィット感のある質の高い人材に複数人会い、ベストな人材を選ぶ必要があります。そのようなハイレイヤーの人材を獲得するためには、スキルチェックだけではなく、ビジョンフィット、カルチャーフィットはもちろん、ご本人の意向やクリアすべき論点などを丁寧に把握する必要などがあり、人が介在する価値があります。

　そう考えると、リクルーティングビジネスの新潮流として説明した、ソーシャルリクルーティングやアグリゲーション型求人検索エンジンとのフィット感は低くなります。

■7-6.採用ターゲットレイヤーにおけるチャネル選択（将来）

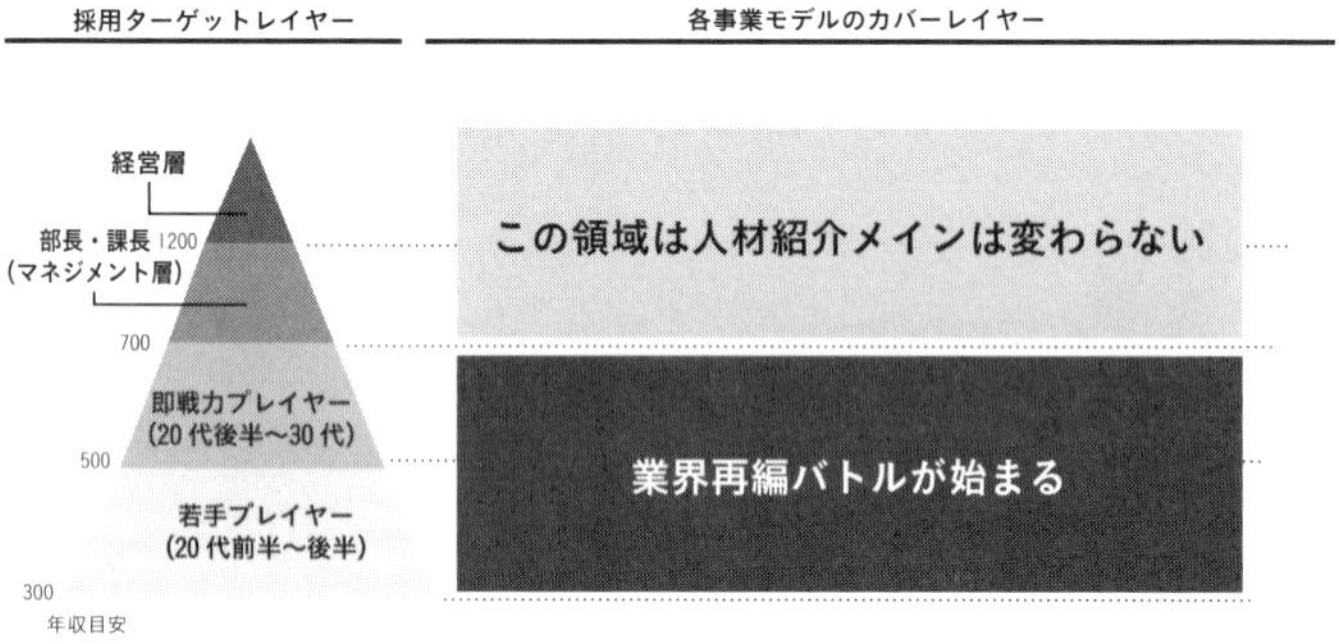

これが、この領域は当面は状況が変わらないとした理由です。

二つ目のプレイヤー領域は、今後、戦国時代を迎え、業界の再編バトルが始まります。このプレイヤー領域においては、まさに従来のビジネスモデルであるネット求人広告と人材紹介と、新潮流であるソーシャルリクルーティング、アグリゲーション型求人検索エンジン、そして無料チャネルのリファーラルリクルーティングが、同じ採用ターゲットに対するソリューションとしてパイを取り合うことになるからです。

この領域はマネジメント領域に比べ、圧倒的にボリュームゾーンであるため、この領域の動向により、まさにリクルーティング業界が変わっていくことになります。

企業提供価値起点でのビジネスモデル

企業がリクルーティングチャネルを選ぶ際のニーズは、前述の通り、「自社にとって優秀な人材」を、「手間なく」、「安く」、「採用したい」となります。ただし、「自社にとって優秀な人材」については、そうでなければそもそも採用しないため、それは前提であると置いたうえで、「負荷」と「価格」の二軸でプレイヤー領域のビジネスモデルを整理したものが、図7－7、将来のビジネスモデルを整理したものが図7－8となります。

このように、二軸で切った時に、企業価値が高い領域は、当然のことながら、「負荷が少なく、採用単価が低い」領域になりますが、ここにプロットされるのがアグリゲーション型求人検索エンジン経由での自社ホームページ採用（オウンドメディアリクルーティング）となります。すなわち、今後このアグリゲーション型求人検索エンジンが企業にとってのファーストチョイス（第一領域）になっていくでしょう。

第二領域は「負荷は高いが、採用単価が安い」領域になります。

■7-7. 企業提供価値起点でのビジネスモデル

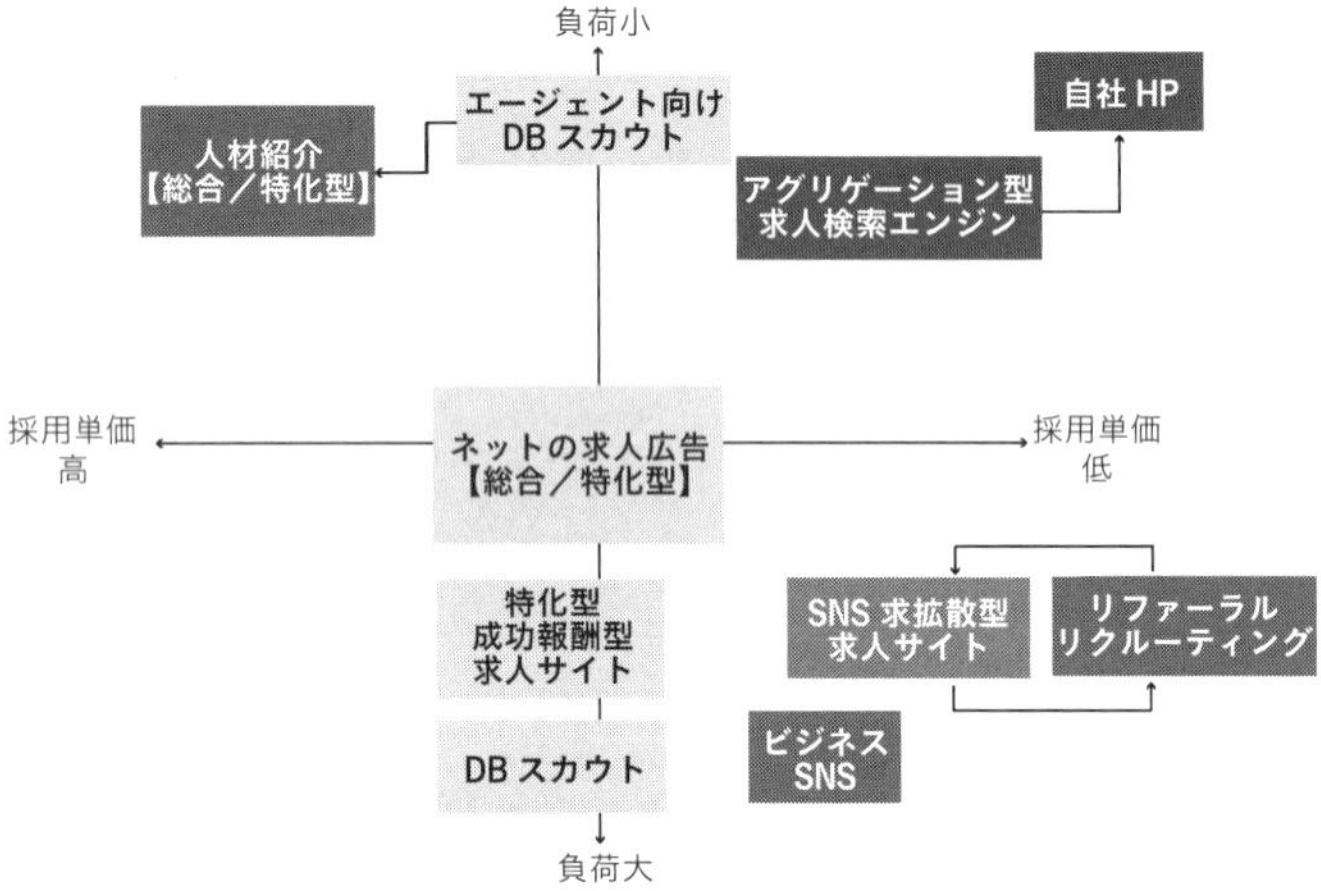

ソーシャルリクルーティングと呼ばれるSNS拡散型求人PRサイトやビジネスSNS、そして無料チャネルであるリファーラルリクルーティングについては、潜在層ターゲットで採用に時間が掛かること、負荷が高いところがあります。そのため、ファーストチョイスにはなりませんが、アグリゲーション検索エンジン経由で自社ホームページ採用するモデルを走らせつつ、低価格でもあるので、併用していく企業が多く、こちらもまだ伸びていくと思われます。

また、単価もさることながら、ソーシャルやリファーラル経由での応募は、他チャネルに比べ、転職マーケットにいない優秀層からの応募があることや、応募からの決定率が高いことが多いので、今後、この第二領域に力を入れてい

■7-8. 企業提供価値起点でのビジネスモデル（将来）

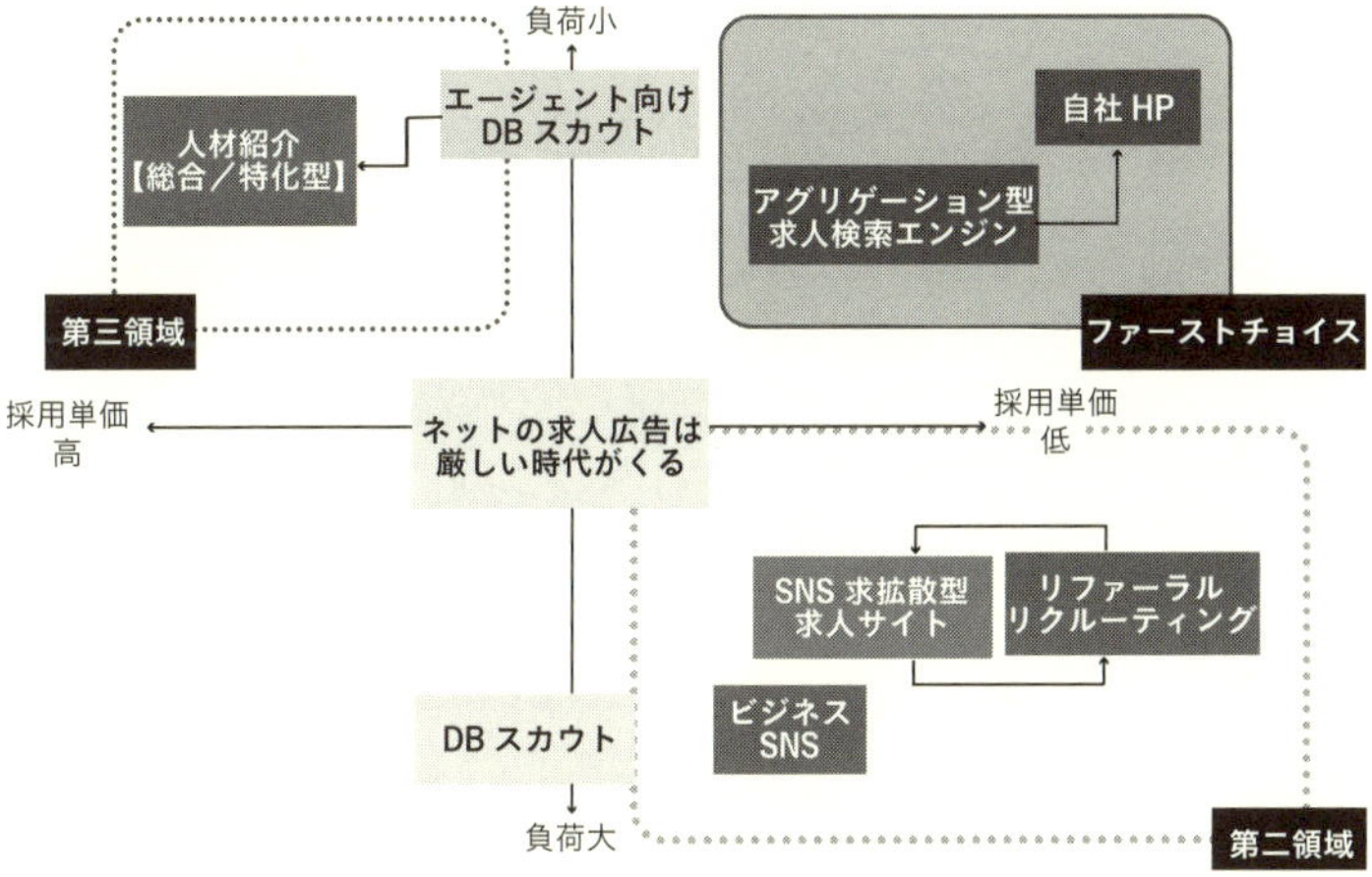

く企業は増えていきますし、ここが強い企業が採用力のある企業と言われるようになっていきます。

第三領域としては、「負荷が低いが、採用単価が高い」領域である人材紹介モデルです。

この20年で採用におけるメインチャネルとして、マーケットを伸ばしてきた人材紹介モデルですが、あくまで採用しやすい買い手市場ターゲットに対しては、ファーストチョイスのアグリゲーション型検索エンジンや、第二領域のソーシャルリクルーティング、リファーラルリクルーティングで自社にとって優秀な人材の採用ができるのであれば、手間がかからず、コストが安いに越したことがないので、まずはそちらで採用していくことになります。ですので、エージェントに対して依頼する案件は、売り手市場の採用難易度が高い案件に絞られていくことになります。

また、前述の通り、最近では人材紹介会社経由にも拘らず、決定率が特に高くないということも事象として起こっていますが、企業が自分たちではリーチできないような優秀な人材を紹介することや、決定率が高く、アウトソーシング価値を提供できるかどうかがエージェントとして生き残るカギになってくるでしょう。

この20年、エージェントの数は一気に増えてきましたが、売り手市場の求職者を集めること、そしてその期待に対応することができないエージェントは、結果として企業に提供価値が出せなくなりますので、ビジネスモデルの変更や撤退を余儀なくされる可能性が高いといえます。

元々、人材紹介は成功報酬というモデルであったために、導入部分では競合せず、参入障壁が低かったのですが、今後、無料や低価格サービスが伸びていくことを考えると、第一領域、第二領域で採用できないターゲットに対して、しっかり提供価値が出せるかというのがポイントになります。今までと同じような提供価値では、当然年収の30~35%といった高い料金を頂くことは難しいですし、成功報酬とはいえ、入り口で案件をもらえなくなるでしょう。

まとめると、人材紹介モデルとして生き延びるためには、マネジメント以上のインターネットに出てきにくい領域の人材、もしくは希少性・専門性の高い売り手市場の人材に対しての提供価値が高く、そのような人材が集まってくることが求められます。

結果として、人材紹介のマーケットは二極化して、売り手市場の人材対象としては引き続き、専門性高い仕事として残りますが、買い手市場対象の人材については他のチャネルに代替されていくことになり、結果として業界は大きく縮小していくと考えられるでしょう。

最後に、歴史上、常にリクルーティングビジネスの中心を走り続けてきた求人広告ですが、次の10年で、かなり厳しい環境にさらされるのではないかと思います。

図7－8にあるように、ファーストチョイスになっていくアグリゲーション型検索エンジンや、ソーシャルリクルーティング、リファーラルリクルーティングなど、より低価格や無料サービスが台頭してきていること、一方で、人材紹介が売り手市場向けサービスとして、より高付加価値の方向にビジネスモデルが磨かれていくと、そのど真ん中にある求人広告はプレゼンスが中途半端になり、居場所を失うことになります。

前課金なのであれば、もっと手間なく、安くて、期間の縛りもないサービスを使うことになりますし、成功報酬なのであれば、人材紹介と同等の価値を出せなくてはいけません。結果として、求人広告は次の10年でビジネスモデルとして大きな変更を余儀なくされると思います。実際、アルバイト領域ではありますが、2019年11月25日をもって、パーソルキャリアが運営するアルバイト求人情報サービス「an」がサービス提供を修了することが発表されました。この流れは正社員領域の採用においても同様の傾向は見られるのではないかと思います。

そして、変化の方向性として一つの兆しが、RPOサービスです。

前課金の低価格サービスがもっと伸びていくということは、採用における後工程、つまり応募から選考、内定出し、クロージングといったプロセスについては、人事の負担が増えるところになります。もちろん、この流れの中で、社内にリクルーター（採用担当）を置く、増やすという流れにもなってくると思いますが、常に採用している会社はそれでもいいですが、そのような場合でなければ、外部の人材サービスとしてRPOが伸びてくるのではないかと思います。そして、そのライト版としては、業務委託などで採用負荷を賄うという傾向は強くなるのではないかと思っています。

リクルーティングビジネスの未来シナリオ

ここまでお伝えしてきた通り、この20年大きな変化のなかったリクルーティングビジネスが、ここから10年、大きく変化していきます。

ファーストチョイスがアグリゲーション型検索エンジンになり、企業と求職者がダイレクトにつながっていく時代となります。そこに第二領域として、ソーシャルリクルーティングやリファーラルリクルーティングといった、関係性が濃い手法が併用されていきます。

そこで採用がカバーできないハイレイヤー領域、難易度、希少性の高い領域については、その期待に応えられる専門の人材紹介会社に依頼することになります。すなわち、その高い要望、期待に応えられない人材紹介会社は淘汰されていくと考えています。また、求人広告はどのように差別化された提供価値を出すかどうかが生き残りのカギになります。

この流れの中で、今後、求人広告サイトや人材紹介会社などのリクルーティングビジネスのＫＰＩも大きく変化していくのではないかと考えています。

現時点では、indeedの登場によってリクルーティングのWebマーケティング化が一段と進化したこともあり、「リボン図モデル」を原型としたKPI設計を行うプラットフォーマーが主流となっています。

現状のKPI設計は、求職者における「来訪」や「登録」、企業における「掲載」や「申し込み」、といったサービスの入り口から、「入社決定=採用決定」までのコンバージョンレートを時系列で追っていく形式ですが、大前提として、サービスの遷移ごとに取りこぼしが発生する前提で決められています。その取りこぼしを減らしていくために、労働集約からAIの活用などに取り組みが進められているわけですが、そもそもこのKPIそのものが、情報誌時代から引き継がれたメディア型のマーケティング構造をなぞられているものです。そのため本質的に求職者や募集企業全体のニーズに沿うものではなく、あくまでも自社サービスにおける自社サービス利用者・自社サービス利用企業に限定した歩留まり推移を表しているに過ぎないという致命的な弱点をはらんでいます。

今後、サービスの進化がさらに求職者起点となることが重視され、かつ結果的な価値に重点が置かれるようになると、この「リボン図モデル」をもとにしたサービス設計では、既存のバイアスから逃れることができなくなると予測しています。

「リボン図モデル」の代替として登場する次世代のKPIは、求職者にとっても、募集企

決定UU数を全体と置いた場合の「にんにく図」の構成イメージ

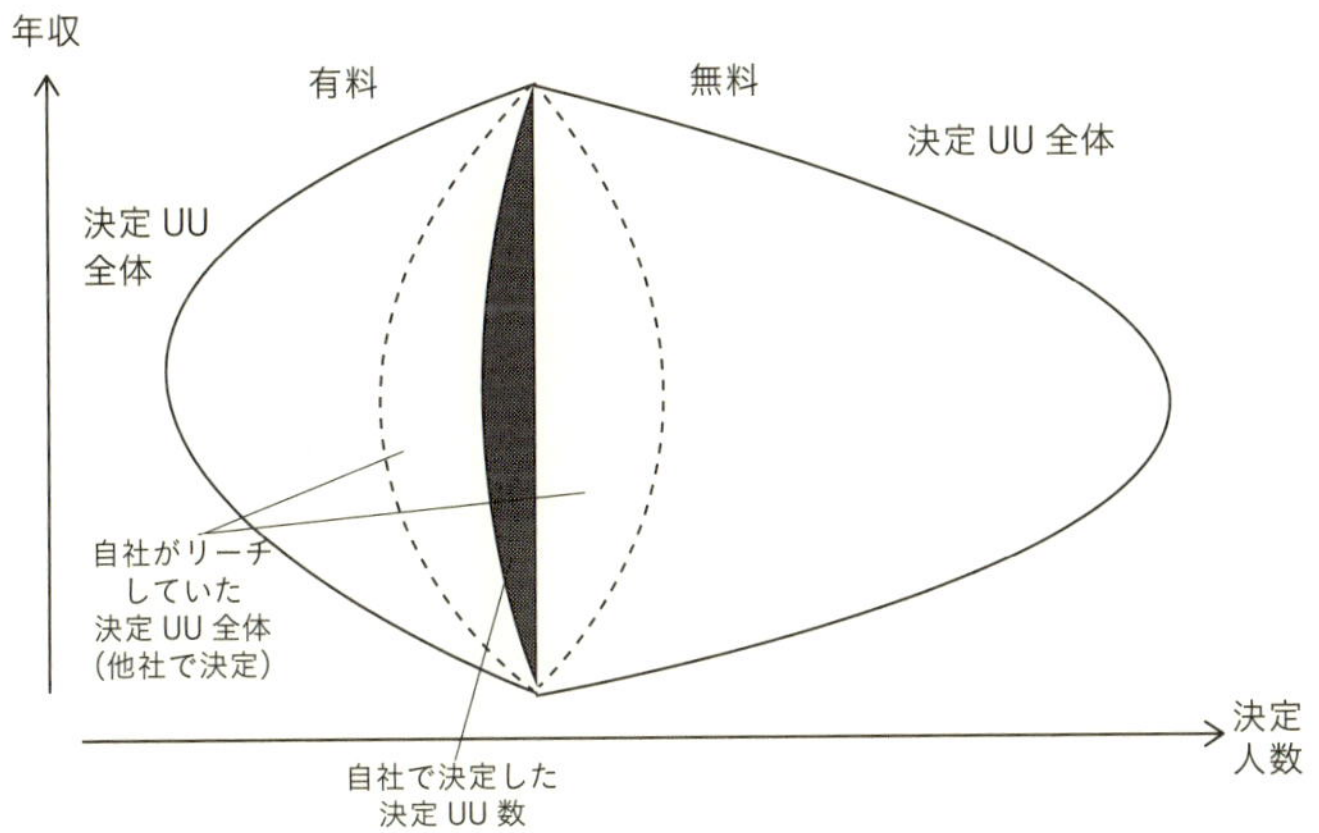

業にとっても、最終ゴールである「入社・採用」の市場全体における総量をユニバースとおいて、その中における自社のリーチカバー率や決定カバー率を最重要指標とする「にんにく図」型のKPIに変化していく可能性が高いと考えています。

この新たな構造図をもとに戦略の意思決定を進めていけるかどうかが、過当競争が激化するリクルーティングビジネス市場において競争優位性を生み出せるかどうかのカギとなるはずです。

マーケット全体としては、この20年伸び続けてきたリクルーティングビジネス市場も今後縮小していくことになるでしょう。ただ、これは業界の衰退ということではなく、企業にとっては、より採用コストが下がっていくということであり、人材流動化しやすい時代にフィットした流れだと思います。「安い」というのは人材業界が今まで応えてこなかった価値提供であり、それをテクノロジーが実現していくのではないかと思っています。

普通の発想だと、業界規模が大きくなることが発展といえるかもしれませんが、人材業界においては、人材流動化が当たり前になり、多くの人が変化に対応して、常に新しいチャレンジをしていくことで、成長産業を支援することや、ワクワク働く人を増やすことが発展なのではないかと思っています。

人材業界が変わらなくてはいけない時がまさに今来ています。

景気がいい時代であれば、今までのやり方の延長線上であっても、がむしゃらに行動量を増やすか、力技で人件費当たりの生産量を高めるかを振り切れば事業は伸びたかもしれませんが、次の景気後退のタイミングから、一気に変化のタイミングが訪れ、人材ビジネスの戦国時代が始まります。

企業に対して、求職者に対して、リクルーティングビジネスの業界全体が、まだまだ雇用領域に残る〝不〟を解消するための新しい提供価値を生み出し、雇用のマッチングの進化に貢献していける業界として、そして、社会のインフラとしての存在感を発揮していくことを心から期待しています。

あとがき

この本を最後まで読んでいただき、ありがとうございます。

「人材業界の未来シナリオ」について考えてみようと思ったのは2016年でした。12年勤務したリクルートを卒業し、ミライフを創業した頃になります。独立にあたって、リクルートでやってきたことの延長線ではなく、「人材業界は今後どうなるのか？　どうなるべきなのか？」と改めて、俯瞰して考えていきたいと思いました。

そこで気づいたことが、12年も人材業界に携わっていながら、業界全体のことを全然知らないということでした。

リクルートのことでさえ、自分が入社する前の歴史の話はあまり知らないですし、リクルート社内でも主に人材紹介部門にいたので、求人広告のことを知らないし、買収したindeedのことも当時、よくわかっていなかったというのが正直なところでした。ましてや、競合他社のことや、HRTechの新サービスなどはわからないどころか、そもそも全然知らないといったレベルでした。リクルートに12年いて、事業サイド、人事・経営サイドとして、どっぷり人材ビジネスに携わっていたはずの私がこの有様ですので、業界に関わる多くの人も同じような状況ではないかと感じております。

ちょうどそのころ、早稲田大学ビジネススクール（MBA）に通っていたタイミングだったこともあり、このテーマを調べ尽くして、論文にしてみようと思ったのが、この本ができるきっかけです。

実際に調べてみると、この領域の参考文献が全然無いのです（涙）。リクルートの社内報はあるのですが、あくまでリクルートのことですし、当然、社外のことや新しいことは載っていません。

一方、新しいサービスについては、各社のHPなどで見ることはできても、全体を見て「で、どうなの？ 凄いの？」と客観的に評価したものについては記事やブログですらほとんどない状態でした。仕方がないので、まずは網羅的に調べてみて、その上で、各社にコツコツ訪問するというアナログなスタイルで、一次情報を取りに行き、論文の骨子を固めていきました。その時は既にリクルートを辞めていましたので、フラットに他社にお伺いできたのも、結果としてよかったと思っています。

お陰様で、リクルート目線のポジショントークでもなく、忖度もなく、単なる人材業界マニアとして、論文にまとめることができました。また、この論文を作成するにあたって、ゼミの担当教授であり、恩師である早稲田大学ビジネススクール根来龍之教授には多大なるご指導、アドバイス頂きましたし、同じく入山章栄教授にも論文の副査としてアドバイスを頂きました。誠にありがとうございました。

論文を発表してから約3年。満を持して、本にすることができたことをとても嬉しく思っています。3年前はindeedの名前すら知らない人がほとんどで、「indeedが人材業界のディスラプターになる!」って言っても、「何を言っているかよく分からない」や「時期尚早」と、出版話があっても、具体的に進むことはありませんでした。それをリクルートの大先輩である黒田さんが「これは世に出すべきだから、一緒にやろう」と言ってくれ、前作である『いい人材が集まる、性格のいい会社』を出させて頂いたクロスメディア・パブリッシング社長の小早川さんが本という形にしてくださり、なんとか世に送り出すことが出来ました。今回はとても難産でした。

この本は読む人にとって、全然違う味わいになる本だと思っています。

人材業界で働いている方、人材業界で働きたい方にとっては、純粋に人材業界の過去、現在、未来について勉強していただければと思いますし、ぜひ提供価値を考えて日々の仕事を頑張っていただきたいなと思っています。私は人材ビジネスは、とても価値のある、やりがいのある仕事だと信じています。

また、人材業界各社の幹部、経営企画、事業企画といった方々には、今の業界に対して、健全な危機感を感じて頂きたいですし、ぜひ「求職者提供価値」にこだわって、優秀な求職者が集まるプラットフォーム、サービスを作っていただきたいと思います。それにより、短期的に勝つことではなく、勝ち続けることができる会社になるのではと思っています。一緒に人材業界のプレゼンスを上げていきましょう！

他には、経営者、人事の方々など、日々採用に奮闘し、人材業界とお付き合い頂いている方も少なからず読んで頂けるかもしれません。その方々には、ぜひ人材業界、サービスを上手く使いこなしていただきたいなと思います。

オウンドメディアだけ、ソーシャルメディアだけ、リファーラルだけ、エージェントだけといったようにどれかを選ぶのではなく、自社の採りたいターゲットに合わせて、チャネルを使い分ける、エージェントを使い分けるといった、採用が上手な会社を目指していただければと思います。なお、そもそもの会社の中身のことで言うと、ぜひ『性格のいい会社』を作っていただければ、きっといい人材が集まってくると思います（笑）。

冒頭のまえがきでも書かせて頂いた通り、いろいろな方ににインタビューさせて頂きましたし、アドバイス、壁打ちなど含め、今回も多くの方々に支えられて、本という形にすることが出来ました。本当にありがとうございました。

本を書きあげていく過程で、何人かの方に「なぜ、この本を書こうと思ったのですか?」と聞かれましたが、その答えは『人材業界の世直し』です。

大手エージェントは大量に求人や候補者を送り付けるマシンみたいになってますし、中小エージェントは企業、決定に寄りすぎるあまりに、求職者に対して強引なやり方になっていたり、知識や経験があまりにも少なすぎるなどの話を聞くことが多く、同じ業界にいてとても残念な気持ちになります。自分が携わっている、大好きな仕事であり、業界だからこそ、ちゃんと社会に貢献して、喜んでもらいたいと思っています。

人生100年時代、人材流動化がもっともっと当たり前になっていく時代だからこそ、そのインフラとしての人材業界を健全に変化させていかなければならないと強く思っています。

2019年9月

株式会社ミライフ　代表取締役　佐藤雄佑

【著者略歴】
黒田真行（くろだ・まさゆき）
1965年生まれ。1988年、リクルート入社。「B - ing」「とらばーゆ」「フロム・エー」関西版編集長を経て、2006年から2013年まで「リクナビNEXT」編集長、その後「リクルートエージェント」ネットマーケティング企画部長、「リクルートメディカルキャリア」取締役などを歴任。2014年、ルーセントドアーズ株式会社を設立し、35歳以上のミドル世代を対象とした転職支援サービス「Career Release40」を運営。2019年、転職を前提としない中高年のキャリア相談プラットフォーム「CanWill」(https://canwill.jp/)開設。また、転職メディアや人材紹介事業などの人材ビジネス各社の経営課題解決を支援する事業強化コンサルティングも展開している。著書に『転職に向いている人　転職してはいけない人』(日本経済新聞出版社)、『40歳からの「転職格差」まだ間に合う人、もう手遅れな人 』(PHPビジネス新書)。

佐藤雄佑（さとう・ゆうすけ）
株式会社ミライフ代表取締役。新卒でベルシステム24入社、マーケティングの仕事に従事。そこで「やっぱり最後は人」だと思い、リクルートエイブリック(現在のリクルートキャリア)に転職。法人営業、支社長、人事GM、エグゼクティブコンサルタントなどを歴任。MVP、MVG(グループ表彰)などの表彰多数受賞。リクルートホールディングス体制構築時(2012)には人事GMとして、リクルートの分社・統合のプロジェクトを推進。2016年、株式会社ミライフ設立。未来志向型キャリアデザインエージェント事業、戦略人事コンサルティング事業、働き方変革事業などを展開している。早稲田大学ビジネススクール（MBA）卒業、米国CCE,Inc 認定 GCDF-JAPAN キャリアカウンセラー。著書に『いい人材が集まる、性格のいい会社』（クロスメディア・パブリッシング）がある。

採用《さいよう》 100年史《ねんし》から読《よ》む 人材業界《じんざいぎょうかい》の未来《みらい》シナリオ

2019年11月 1日　初版発行

発行　**株式会社クロスメディア・パブリッシング**

発行者　小早川幸一郎
〒151-0051　東京都渋谷区千駄ヶ谷4-20-3 東栄神宮外苑ビル
http://www.cm-publishing.co.jp
■本の内容に関するお問い合わせ先 …………………… TEL (03)5413-3140 ／ FAX (03)5413-3141

発売　**株式会社インプレス**

〒101-0051　東京都千代田区神田神保町一丁目105番地
■乱丁本・落丁本などのお問い合わせ先 ……………… TEL (03)6837-5016 ／ FAX (03)6837-5023
service@impress.co.jp
(受付時間　10:00～12:00、13:00～17:00　土日・祝日を除く)
※古書店で購入されたものについてはお取り替えできません

■書店／販売店のご注文窓口
株式会社インプレス　受注センター …………………… TEL (048)449-8040 ／ FAX (048)449-8041
株式会社インプレス　出版営業部 ……………………………………… TEL (03)6837-4635

ブックデザイン　金澤浩二（cmD）
DTP　荒好見（cmD）
図版作成　小曽川美香・内山瑠希乃（cmD）
印刷　株式会社文昇堂／中央精版印刷株式会社
製本　誠製本株式会社
ISBN　978-4-295-40342-5　C2034